高校预算绩效管理
工作的推进探索

郝福锦 著

中国民族文化出版社

北 京

图书在版编目（CIP）数据

高校预算绩效管理工作的推进探索 / 郝福锦著. ——
北京：中国民族文化出版社有限公司，2023.3（2025.1重印）

ISBN 978-7-5122-1683-9

Ⅰ.①高… Ⅱ.①郝… Ⅲ.①高等学校－预算管理－
研究－中国 Ⅳ.①G647.5

中国国家版本馆CIP数据核字（2023）第 049546 号

高校预算绩效管理工作的推进探索
GAOXIAO YUSUAN JIXIAO GUANLI GONGZUO DE TUIJIN TANSUO

作　　者	郝福锦
责任编辑	张　宇
责任校对	李文学
出 版 者	中国民族文化出版社　地址：北京东城区和平里北街 14 号
	邮编：（100013）　联系电话：010-84250639 64211754（传真）
印　　装	三河市同力彩印有限公司
开　　本	16 开　170mm×240mm
印　　张	11.25
字　　数	200 千
版　　次	2023 年 3 月第 1 版　　2025年1月第2次印刷
标准书号	978-7-5122-1683-9
定　　价	59.80 元

前　言

　　我国的经济经过多年的发展已经取得了较大的成就，同时在财务税收等制度方面也在进行深入改革，在此期间预算的绩效管理也引起了各方的重视，为了带动社会经济保持良好的发展势头，对财政体制改革也势在必行，其中要求对资金实现有效管理，提升资金的使用效率。因此，高校在当前也要及时跟上社会发展的大趋势，重视预算的绩效管理工作，做好各个职能部门之间的相互配合，形成预算绩效管理合力，助力高校财务管理高水平高质量发展。

　　为了构建现代化的财政管理制度，实现现代化的管理规范，我国提出了对财税制度深化改革，实施全面绩效管理的要求，根据这些措施带动国家的治理能力，形成完善的治理体系，从而完成现代化的治理，同时也要对优化配置财政资源，让公共服务的质量得以提升。高校可以看作是财政的重要预算单位，所以，要将全面预算绩效管理作为发展的方向，配合财会制度的改革措施，并且在此过程当中应积极地探索高校预算绩效管理的发展道路。

　　基于此，特编写作本书，旨在通过工作实践对高校预算绩效管理工作探索和研究，以此对促进高校预算绩效管理工作的发展做出有益尝试。

　　本书内容主要包括：第一章剖析财政管理、预算管理的概念，主要梳理了预算绩效管理与绩效管理与评价的概念及其相关知识，并对财政管理、预算管理、绩效管理之间的关系进行了梳理与论述；第二章介绍了预算绩效管理及理论基础的总体情况，首先解析预算绩效管理的相关概念，然后引出预算绩效管理的理论基础，并对预算绩效管理的意义与作用详细地论述；第三章主要研究新预算制度下高校预算绩效管理的实施改革、高校全面实施预算绩效管理的挑战与对策、高校预算绩效管理框架体系设计探究、高校全面推进实施预算绩效管理思考，深入浅出地论述相关内容；第四章是高职院校预算管理研究，本章以常州工业职业技术学院为例，理论与实践相结合，便于读者理解与学习；最后一章为"双核算"视角的高职院校绩效评价研究，分为高职院校概况及其预算评价方式分析、高职院校预算绩效综合评价、预算绩效评价结果分析及优化等三节内容，进一步强调高校预算绩效管理工作的意义。

在编写中作者参考了大量的资料内容，努力写作，但个人能力终归是有限的，难免会有遗漏之处，文中存在的问题也希望读者给予指导和评价。

目 录

第一章 预算绩效管理概述

在会计管理方面，全面预算管理就包括了绩效预算管理的内容，企业会设置管理的目标，然后对项目的成本、业绩状况展开评估，这种预算管理的制度就是绩效预算管理的具体内容，运用这种方式让资源获得更好的分配以提升资源的绩效。企业是社会经济发展的重要组成部分，绩效预算管理是确保企业实现经济利益，完成社会效益的必要措施。

第一节 财政管理

一、财政管理的概念

政府的职能包括了财政管理的职能，政府利用税收和公共支出方式，筹集财政资金，并且分配资金，在使用期间也会涉及决策、组织、计划、协调等活动。

财政是政府经济的核心，财政管理在政府管理中居于重要地位，是弥补市场机制缺陷的重要手段。财政管理的主要目的是对公共资金实施有效的处理，作为管理者需要更好地对公共资金做好调配。社会主义市场经济条件下的财政管理职能是由政府的职能所决定的，财政管理职能是政府职能的具体化和延伸。财政管理也存在财政应该管什么不该管什么、如何规范财政行为等类似问题。财政管理通过税收、公共物品、公共政策等多种形式，对每一个公民产生重要的影响。

财政管理由预算管理、税收管理、国库管理、政府采购管理、非税收入管理、社会保障资金管理、国有资本管理、国债管理，以及财政监督、财政支出绩效评价等具体管理构成，预算管理是其核心。

二、财政管理的主体

财政管理活动涉及多个系统和层次，从管理主体角度来看，具备了多层次特征，比如在立法层面上涵盖了立法的主体，在政策方面又包括了决策的主体，在计划和执行方面包括了执行主体。不同主体的地位和责任不同，按照法律地位的不同我国财政管理主体可以分为：

（一）全国人民代表大会和地方各级人民代表大会。负责制定具有重要地位、用以明确基本法律责任和义务、具有全局性和长期性的财政预算法律，以及审查、批准年度预算和决算。

（二）国务院和地方各级人民政府。负责制定财政法规、重大财政政策，并负责预算执行。

（三）财政部和地方各级财政部门，是财政管理的具体执行主体，负责制定财政预算规章制度，全面、具体地实施财政收支计划，对财政活动日常管理。

（四）政府具体管理部门和单位，负责执行通过财政批复的本部门、单位的预算。

三、财政管理的客体

从客观的角度来看，财政管理的内容与经济发展有着密切的联系，从宏观和微观上组成了整体的经济管理过程。从财政本身来讲，既包括财政法律和制度的制定、财政政策的制定、财政收支体系的构建、财政收支形式和结构的选择，以及财政管理体制的确定，又包括财政机构设置、人员配备、财政信息的传导、财政收入的具体征纳、财政支出的资金拨付和具体运用等，不仅贯穿于财政活动的全过程，而且涉及与财政分配直接相关的各个领域。

四、财政管理的目标

财政管理在运用的过程中会确立对应的方向，这种方向和财政管理的目标是一致的，同时也会以目标作为考核检验的标准。财政管理是对财政分配的活动决策、计划、组织、协调和监督的全过程，使用这些方式对财政资源展开优化配置，确保国民经济实现稳定健康的发展，推动社会不断的进步，当前的经济制度对于财政管理也有着对应的要求，比如公共财政的职能就是收入分配、稳定经济以及资源配置。为了发挥出财政的职能，财政管理不仅要结合公共需求，同时也要确保经济获得增长，让社会保持稳定的发展，这也是当前财政管理的重要目标。

五、财政管理的手段

财政管理手段包括多种方式，财政的管理主体为了实现管理的目标会运用多种方式和方法，常见的有经济手段、行政手段以及法律手段：

（一）经济手段是财政管理主体遵循客观经济的规律，并且使用多种经济杠杆的方式，对被管理对象实施调整、控制和约束，确保被管理对象能够按照财政部门的目标去达成对应的行为。预算管理运用经济手段，在不损害各经济主体经营权利和市场运行机制的前提下进行，因而运用最为广泛。

（二）法律手段关系到政府职能的实现状况，利用财政立法、执法、监督等活动来确保实现政府的各项职能。财政立法是运用法律手段强化财政管理的基础与前提，而执法和监督机制则是依法管理政府财政的核心内容。

（三）行政手段是指政府财政机关依靠行政力量，采用命令、指示、规定、指令性计划等方式，对财政分配活动及相关经济活动实施的各种管理，它应建立在财政法制的基础之上。

六、我国财政管理机构设置

我国专门从事财政管理的政府机构主要是指政府财政机关、审计机关、各种公共基金的管理机关、政府税务机关和海关。①后两种机关主要负责政

---

① 强化财政监督管理提升政府采购效能［J］.中国政府采购，2019（03）：46-48.

府公共收入的筹集和管理。

政府财政机关是我国从事财政管理的核心部门。根据我国目前政府机构的设置情况，中央政府设置财政部。财政部是中华人民共和国国务院的组成部门，其主要职能包括拟订财税发展战略、规划、政策和改革方案并组织实施。分析预测宏观经济形势，参与制定宏观经济政策，提出运用财税政策实施宏观调控和综合平衡社会财力的建议。拟订中央与地方、国家与企业的分配政策，完善鼓励公益事业发展的财税政策。

政府部门会设置审计机关，这些部门是管理公共财政的控制和监督机构。我国县级以上的政府均已设立了审计机关，其职责是对政府部门、国有企事业单位的公共资金的筹集与使用进行审查与监督。

公共的财务管理机构也包括了各项专业性的机构，比如公共基金筹集和管理单位。政府部门也会设置养老保险基金管理中心以及住房公积金的管理中心，这些部门掌握了大量的公共资金，虽然这部分资金属于私人或企业，在所有权上不属于政府，但政府作为资金的信托管理者，承担着保值、增值和依法拨付的重大责任。

政府税务机关主要负责各种税收的征收管理。

海关是专门负责征收关税和对进口货物代征增值税、消费税的国家机关，海关所征收的税款全部解缴国家金库，其职责还包括海关监管、编制海关统计、查禁走私等。

七、我国的财政管理体制

（一）财政管理体制的概念

我国政府以及各级地方政府在管理财政方面会遵循对应的管理制度，这些制度统称为财政管理体制，按照这些制度的要求，对财政资金进行有效的管理。分析财政管理体制的概念，可以从广义和狭义的角度研究，从广义的角度来看财政管理的体制包含了预算管理制度，税收管理制度，公共部门财政管理制度，国有企业财务管理制度，基本建设财务管理制度等内容，预算的管理体制在财政管理体制当中占据了主导的地位，政府预算管理制度在财政管理体制当中占据了中心位置。根据政府的预算管理制度，可以对各级政府的财政资源进行划分，根据规定的内容，合理地管理资金的使用方向权限以及应用范围。所以财政管理体制的定义主要是指政府在预算管理方面的制度。从狭义的角度来看，财政管理体制看作是预算管理的制度内容。

（二）财政管理体制的主要内容

1.确立了财政管理的主体和级别

财政管理的主体由不同的级别进行确认，最高是由国家政权确立的机构，然后是各地方行政区划设置的次级机构，双方的关系非常密切。具体的通行原则如下，在一级行政区域必须要设置一级财政机构，同时也要配套一级预算机构。

2.阐述了财政管理的各项权限

地方政府沿用财政管理方面的政策法规，根据法律法规的内容可以对财政管理的制度进行修订和解释，政府在制定预算期间也会使用到审批权、编制权，在预算执行和调整方面同样具备监督权利。在国内主要由政府设置全国性的财政方针，这些法律法规出自中央政府，并且制定权、修订权以及解释权也受到中央政府管辖，地方政府在设置区域性的财政预算管理制度方面也可以发挥出一定的作用，但是要和中央的规定保持统一。

3.确认财政的收支范围

财政的收支范围是在中央政府以及各级地方政府制定的法律法规的权限内进行划分的。在以上区域内，管理权和财政权是各级政府部门实施的主体，合理的收支范围是保证财政管理制度顺利运行的重要基础，也关系到政府职能的实现状况，在多个层次公共需求也需要参考财政收支范围的内容，这样才能够满足各区域的需求。因此财政管理体制在设计方面要以财政的收支范围作为重要的核心点。

4.安排财政的调节制度

规定了财政收支范围以后，在此基础之上要对收支的水平展开调整。调整的方式包括了横向调节和纵向调节的方式，各级财政主体可以在区域内实现预算的调整，也被人们称作是横向转移支付以及纵向转移支付，设置调节目标，可以让资金获得公平的分配，让事权和财政权实现一致。

第二节　预算管理

一、预算管理要素

预算管理的各项要素是构成管理的重要部分，分别有管理对象、目标、手段、管理职能、管理主体等。

（一）预算管理的主体

预算管理涉及众多的内容，并且管理主体包括了多个层次，在法律法规方面有立法主体，在财政预算方面有决策主体，在政策执行方面有执行主体，这些主体所具备的责任以及所处位置也有所区别。

1.立法主体

从立法主体的角度分析，预算立法包括了全国人民代表大会以及各级地方政府的人民代表大会和常务委员会。负责制定财政预算法律、审查批准年度预算和决算、预算调整等。

2.决策主体

由于预算的决策涉及各方的利益关系，因此，在预算的决策过程中，主要是中央或地方人民政府、财政部门、各级人民代表大会以某种方式参与到预算过程中。

3.执行主体

国务院以及各级政府是执行的重要主体，并且要负责制定出预算相关的法律法规，在预算决策方面也要发挥出角色的作用，在执行环节也是由各级政府逐步开展的，国务院财政部以及地方的财政部门是执行预算管理的重要部门，对财政预算的相关制度进行管理。同时还会制定出新的财政预算内容，以上部门是财政预算收支计划以及管理的重要主体，各级地方政府的相关部门和单位在内部制订和执行相关的预算。

（二）预算管理的客体

从客体的角度分析，预算管理有众多对象，并且这些对象分布在国民经济的各领域，从宏观角度和微观角度，政府都会采取管理的措施，预算活动也涵盖了制定法律法规，以及制定预算收支体系。预算活动所涵盖的范围本身就涉及面非常广，比如制定出对应的预算制度、预算法律、预算体系、预算结构等内容，除此之外预算机构还有大量的人员负责执行各项管理制度，比如人员配备、预算收入标准、预算支出、资金支付等方面，这些都共同构成了预算的整个过程。

（三）预算管理的范围

我国《预算法》第二条规定：预算、决算的编制、审查、批准、监督，以及预算的执行和调整，依照本法规定执行。从管理范围来看，我国《预算法》第四条规定：预算由预算收入和预算支出组成。政府的全部收入和支出都应当纳入预算。第五条规定：预算包括一般公共预算、政府性基金预算、国有资本经营预算、社会保险基金预算。

（四）预算管理的目标

一是，预算活动涉及决策组织协调以及监督等方面，预算管理的目标是对预算活动展开以上分析，然后对于各项资源展开配置，确保经济能够获得正常的发展，利用公共财政的职能为资源进行合理分配，确保经济的稳定性。与财政职能相对应，预算管理要实现这三大目标。

二是通过预算管理活动，使财政资金运行在规范、透明、严格、高效的轨道之上，这也是政府通过预算承担公共受托的责任使然。

二、预算管理的流程

预算管理的流程主要是对预算进行有效的指导和管理，在运行期间管理的内容包括了预算的规划，预算的决策、预算审批、预算执行、审计评价以及监督等内容，这些内容共同组成了完整的财政预算管理流程。

在治理国家方面政府需要花费的资金是非常庞大的，各项施政行为也要参考预算资金的状况，所以预算资金是政府施政的重要保障。政府预算的资金关系到后期政府的行政权力，所以双方存在着制约监督的作用，预算活动的整体过程涵盖了预算的编制、规划、审批、执行、决策、监督、控制、审计、评价等内容，其中预算的审批编制执行调整等是最为核心的部分。在我国建设现代预算的条件下，这一过程更需要强化的是预算结果的绩效评价以及预算全过程的监督。

（一）预算规划

政府预算问题并不单纯是管理问题，还有其深刻的政治、经济和社会背景，因此预算方案即政府收支计划的安排要受到一国法律法规、政策制度、公众意愿的制约，而这一切都要通过政府预算的中长期规划和短期计划来体现。根据时间的长短，政府制定的财政预算，有短期和长期的区别，短期预算规划是构成长期财政规划的重要基础，同时国内各相关部门也会结合经济发展的特点，对国民经济的运行进行评估，所以应衡量整体的财政收支状况，然后做出合理的决策。

（二）预算编制与审批

在通过规划与决策将有关预算问题纳入政府的议事日程后，就要进入预算方案的设计预测、制定阶段。此阶段财政部门要根据法律法规的要求、国民经济和社会发展计划指标等测算主要财政收支指标，各预算单位和部门要按照财政部门经过决策下达的收支控制指标，以及部门预算的编制要求、基本支出的编制原则和定员定额标准、项目支出的编制原则和排序规定，经过"两上两下"的编制程序编制完成预算草案。

（三）预算执行与决算

政府制定的预算计划通过审批之后，就到了执行阶段，在执行之前要对预算进行合理的分析，预算必须要制订出相关的收支计划，只有符合审批标准才能够被执行下去，预算活动的执行关系到各项资金的利用状况，所以执行是非常关键的部分。财政部门要组织财政的管理措施和行为，这样才能够确保目标得以实现，完成了执行之后，还要分析执行的状况并开展总结，最后还要管理决算过程。

（四）预算控制与监督

政府预算编制、执行、评价、决算等方面都需要对应的控制和监督，这种管理的流程就叫作预算控制和监督，运用这种方式才能确保政府预算按照政府法规来实施，这也体现出了预算的严肃性，并且能够提升编制预算和执行预算的效率，最终有利于实现财政的预算管理目标。

（五）预算审计与评价

在预算管理领域存在大量的财务会计规定，同时也会制定出预算绩效的评价指标，遵循这些内容实施结果的评价，这一过程就叫作预算审计和评价。运用审计和评价的职能提升预算的精准度，防止预算结果出现较大的偏差，同时也能够分析预算执行的各项成本，有利于快速地寻找到问题，然后给出解决对策，避免资金的浪费截流现象。通过预算审计与评价加强预算的严肃性、科学性和效率性，以提高预算的政策效应。

三、预算管理的组织体系

政府在实施预算管理的过程中，需要利用多种组织和机构才能完成这种职能，组织的体系涵盖了各项程序、活动、组织等内容，这些共同的要素组成了政府预算管理的组织体系，发挥出组织的作用才能够实现政府的预算管理，根据不同的区域，我国的预算管理级别包括了国家行政级别，行政区划级别以及行政管理部门，并且在执行过程当中会"遵循统一领导、集体决策、分级管理、分工负责"的原则，所以预算的管理内容是立体式的，涉及了中央、地方、各区域、各部门以及下属的各单位，其组织系统的构成：从纵向来看，由中央和地方各级政府预算组成；从横向来看，在各级政府预算中由国家政权机关、行政领导机关、财政职能部门及各类专门机构所组成。

（一）按预算管理级次划分

1.预算管理体系

由于政府预算是政府的基本收支计划，为政府履行职责、提供公共产品与服务给予财力保障，因而预算管理体系必然与行政管理体制相一致，即一级政府、一级财政、一级预算。根据《中华人民共和国宪法》（以下简称《宪法》）的规定，我国目前从中央到地方共有五级政府，即中央，省、自治区、直辖市，设区的市、自治州，县、自治县、旗、不设区的市、市辖区，乡、民族乡和镇。

2.预算管理职责权限划分

预算管理制度是政府开展资金管理的重要核心，政府的各项资金规划也要遵循预算管理的职能，并且以此划分出对应的权利和责任。首先需要解决的问题，就是中央财政与地方财政的关系，即怎样在集权与分权之间取得均衡。这也是世界各国财政面临的一个共同难题。在两者的关系方面，由于中央政府在提供全国性公共产品与服务方面的重要责任，预算体制安排要保证中央财政宏观调控能力，赋予相应的管理权限。财政相关的各项规章制度必须通过中央政府进行制定，国家主要财力应该由中央统一支配，以保证中央财政有充裕的财力，对地方实施转移支付，调节地区收入差距，组织全国性、跨区域的大型公共工程建设，支持全国性科技、教育、文化、卫生事业发展，保障国防、外交支出需要，等等。

中央政府实施宏观调控可以维护各区域地方财政的平衡性，在体制管理上要调动各区域的管理动力。因为，我国是一个幅员辽阔的多民族国家，各地区在经济、文化、自然环境上都有很大的差异，许多事情要由各级政府因地制宜地去办理；同时由于财政资金的筹集与分配有很大部分由地方和基层单位组织实施。因此，实行分级管理有其客观必然性。通过预算体制安排，使各级地方政府在规定的权限内组织预算收入，根据地方经济社会发展需要，自主安排预算支出，自求平衡，形成相对独立的地方分级预算管理体制，充分调动地方政府预算管理的积极性。

（二）按预算编制主体划分

1. 总预算

各级政府制定出的各项财政计划共同组成了总预算，并且各级财政部门是编制预算的主体。

我国《预算法》第三条规定：全国预算由中央预算和地方预算组成。地方预算由各省、自治区、直辖市总预算组成。地方各级总预算由本级预算和汇总的下一级总预算组成；下一级只有本级预算的，下级总预算即指下一级的本级预算。没有下一级预算的，总预算即指本级预算。

2. 本级预算

本级预算指经法定程序批准的本级政府的财政收支计划，它由本级各部门（含直属单位）的预算组成，同时包括下级政府向上级政府上解的收入和上级政府对下级政府的返还或补助。

3. 部门预算

部门预算反映本部门及所属各单位的全部收支预算，由部门机关及所属各单位预算组成。本级各部门是指与本级政府财政部门直接发生预算缴款、拨款关系的一级预算单位，以及与本级政府财政部门直接发生缴款、拨款关系的企业和事业单位。

4. 单位预算

单位预算是指列入部门预算的国家机关、社会团体和其他单位的收支计划。

（三）按照行政隶属关系和经费领拨关系划分

1.一级预算单位

一级预算单位是指与同级政府财政部门发生预算领拨款关系的单位，如一级预算单位还有下级单位，则该单位为主管预算单位。

2.二级预算单位

二级预算单位是指与一级预算单位发生汇总报送和经费领拨关系，且有下属预算单位的单位。

3.基层预算单位

基层预算单位是与二级或一级预算单位发生汇总报送或经费领拨关系，没有所属预算单位的单位。

上述根据国家政权结构、行政区域划分和财政管理体制等确定的预算级次与预算部门及单位，按照一定的方式进行组合，就形成了政府预算的组织体系。

四、预算管理体制

（一）政府预算管理体制的概念

国家在经济制度财税管理领域，需要对应的法律法规管理，而预算管理体制就包含在内，是中央政府以及地方政府在实施财务预算管理方面的重要依据，根据预算管理的体制区分出各级政府的责任，是中央和地方财政分配关系的主体形式。根据这一原则各区域的财政管理要按照预算制度来执行，并且各级政权在财政管理方面获得了分配权财力支出责任。所以，利用这些内容分配各项责任和义务，能够实现财政的监督和管理。选择适合的预算管理制度确保国家经济的发展，让各项资源得到有效的利用，同时还要参考国家经济发展的特点，这些条件都是必不可少的。

分析预算管理体制的内容主要有以下几个方面，当前我国实施的是市场经济制度，中央政府和各级地方政府也要承担对应的职责，但是政府必须要作为重要的主体，在管理过程当中向社会大众提供公共服务以及产品，其中也会涉及服务的规模及范围，这些都需要花费大量的成本。利用政府财政预算管理的制度区分并且作出合理的划分，这也是政府履行职能和支出的重要措施，各级政府也要遵循这一制度实施财政收入分配。中央以及地方政府在财政支出方面也要协调。

（二）政府间预算收支划分的原则

政府预算收支进行统一的管理要贯彻中央的领导，并且分级管理，一方面在中央层面上实施宏观调控以及监督活动，另一方面地方政府也享受财政的自主权，具体的原则有以下几点：

1.中央宏观调控和地方自主性相结合原则

中央宏观调控和地方自主性相结合原则，即在处理政府间预算收支范围划分时，既要强化中央政府的集权与宏观调控能力，还要兼顾地方政府的分权和自主管理能力，实现两者之间的平衡与协调。政府的宏观调控可以起到良好的作用，特别是市场经济变幻莫测，只有让中央的调控措施占据主导位置，才能够实现经济的健康发展，具体有以下表现：

（1）为了保证中央宏观调控的需要，在收入的划分上，凡是关系到国民经济全局便于中央发挥宏观调控的税种，应划归中央作为中央收入，使中央有稳定的财力保障国家全局的需要。在支出划分上，凡是关系到国民经济全局、地方无力承担或不宜由地方承担的支出，应划归中央支出，以充分发挥中央预算的主导作用。

（2）地方政府在执行期间也要发挥积极性，但是各地区发展是不平衡的，为了促进地方政府的积极性，只有对税收进行合理的征收和规划，通过分配方式来激发出地方的积极性，与地方有着密切的关联度的税收，让地方政府分配，在支出层面上与地方政府和经济发展有着密切联系的支出，让地方单独处理，但是要确保这些支出不会对全局带来负面影响。这样有利于充分调动地方政府的积极性，从地方的实际出发，加速地方经济文化建设事业的发展，从而保证整个国民经济和社会发展的稳定、协调，使国家预算的职能作用得到充分发挥。

2. 外部性原则

外部性的原则是相对于内部而言的，经济实体在运行期间也会受到外部带来的打击，由此会产生损失。因此，外部性会影响个体的收益以及成本，可看出外部效应在各个领域都有体现。

由于市场机制的滞后性，无法有效的分配社会资源，如果让市场自由分配，此时外部性的原则就会出现问题。

我国政府实施的是多层管理。因此，必须要合理划分出各级政府的职能和权力，这样才能够减少局部利益和整体利益之间的矛盾，确保各级政府能够按照国家赋予的权力执行各项管理职能。同时各级政府也要根据政府的权力提供各项公共服务以及产品，但是要杜绝恶性竞争等行为。外部性的原则是各级地方政府在行使管理权利的重要原则，经济的主体活动也会给社会带来影响，所以必须要严格监管经济主体，但是从法律上却不会产生责任，政府在提供公共服务方面可看作是外部性特征。因此，在划分职责时，必须要查看公共服务的外部性特点。通过特点来判断政府承担的职责和权限，分析公共产品及公共服务的服务范围，可以有效地区分中央以及地方政府之间的责任，通常情况下，如果是全国性获得收益，则中央政府要提供对应的产品以及服务，如果地方政府获得的收益较多，让地方政府提供相关产品以及服务。

3. 效率性原则

组织活动在投入资源以及产出方面会形成对应的关系，这种关系就叫作效率性，政府希望用最小的投入来获得最大的产出。在预算管理方面也要强调效率性的原则，具体体现在以下几点：首先是实现市场效率，即处理好政府与市场之间的关系问题，预算管理体制提供了一个让市场引导资源配置的中性制度环境和市场秩序，在这一过程中，市场主体也要兼顾公平性的原则，可以看出在资源配置方面市场的机制也起到了重要的作用。二是政府效率，即处理好各级政府间的职责划分问题，明确各级政府的职责所在，各司其职、各负其责，形成良好的行政与社会秩序，提供优质的公共服务。

我国地方经济的发展存在着不平衡的特征。因此，信息是不对称的，政府在制定财政预算时也会拥有众多的区别，各地方政府和当地居民的联系是密切的，相对于中央政府，地方政府与居民关心的内容是更贴切的，所以在获取成本和信息处理方面效率会更高。同时，我国地理、文化、自然和人力资源禀赋等方面的多样化，以及地方政府提供更符合居民偏好的区域性公共产品的比较优势，必须充分发挥地方政府履行社会职责的积极性。

4.激励相容原则

激励相容体现在经济生活领域，我们生活在市场经济社会，每一个人都带有逐利，而这些可以看作是理性经济人，因为不同的行为所带来的后果是不一样的，但是要通过制度上的安排约束个人的行为，才能够实现集体利益的最大化，这种制度也被称为激励相容制度，赫维茨（Hurwicz）最早在2007年提出这种理论。

激励相容的原则是经济学理论的重要体现，根据这一原则能够让个人利益和集体利益减少矛盾，还可约束个人的行为，让个人的行为与集体的价值观相符合。在政府间的管理层面上，同样要设置合理的制度，让地方政府以及中央政府能够共同参与其中，兼顾各方的利益，确保整体的利益得以实现，所以在制度设计层面上也应用了激励相容的原则。

五、预算的监督

（一）政府预算监督的内涵

分析预算监督，从广义和狭义两个角度展开研究，从广义角度来看，预算监督权在预算监督体系当中占据了重要的位置，会根据各主体的特点采取不同的规章对预算的制定和实施进行监督和检查。从狭义角度来看，财政机关在财政管理方面会遵循相应的法律和法规，确保预算的真实有效性并且实施有效的检查。

（二）预算监督的必要性和作用

1.预算监督的必要性

我国在公共财政框架体系的建设方面也取得了重要的成就。因此，强化预算的监督和管理是人们关注的重点。在深化经济体制改革的今天，加强预算监督的必要性主要表现在：

（1）强化预算的监督管理，完善现有的公共财政体系

社会主义市场经济条件下的公共财政模式与计划经济体制下建立的生产建设型模式相比，最大的不同之处就在于其公共性。为了满足公共的服务需求，制定公共财政的管理措施是非常有必要的，这也体现出了当前经济发展的新特点。在公共财政体系下，政府的预算资金来自公民缴纳的各种税费，是社会公共资金，体现了社会公共利益，政府应当对纳税人负责，并接受纳

税人的监督。但是，由于预算的管理者所掌握的有关预算资金来源和使用情况的信息比纳税人所知道的要详细和完备得多，这使预算单位很容易就能利用这种信息的不对称，从自身的利益出发，做出有损于公民的利益的行为。因此，为维护全体纳税人的利益，就必须建立完善而有效的预算监督机制，利用各种监督手段，来监督预算的全过程，使其最大限度地为满足社会公共需要服务。

（2）强化监督和管理满足当前市场经济发展的需求

市场经济为我国的经济发展带来了推动力，并且是目前分配社会资源的主要方式，政府一方面重视市场机制的作用，同时也会进行宏观调控。预算管理活动是政府实现宏观调控的方式，对市场的不足之处优化，确保经济能够平稳运行。财政分配涵盖了组织收入以及资金运用，这两个方面都要完成监督。为使预算能够从收入和支出两个方面保证政府宏观调控的需要，必须对预算的全过程进行监督。对预算监管起到引导财政收入的作用，确保财政的收入能够合理及时地上缴到位，同时也能够发现侵犯国家利益的现象。就运用财政资金而言，通过预算监督，能够保证财政资金发挥其应有的优势，避免财政资金使用中的不规范性和随意性，提高预算资金的使用效益。

（3）强化监管也是社会民主法制的建设需求

当前我国正在推动民主政治建设，就是应建立保障社会成员有效参与社会公共事务管理，维护合法权益的具体途径、渠道，以及相应的制度和保障，故监督和约束政府行为，维护公共利益，是重要任务之一。预算作为各级政府履行职责的物质保障，对它的监督就成为公民参与社会公共事务管理及监督政府行为的最有效的方式。通过对预算的编制、执行和决算的监督，检查政府在履行职责、制订和执行各项公共政策过程中，是否遵守国家宪法和法律，资金使用效益是否符合社会公共利益，政府公务人员是否清正廉洁、遵纪守法。因此，对预算的监督，是实现人民民主权利的一个重要途径。

（4）第四，重视预算监督的作用，也能够推动依法治国

目前我国实施依法治国的方略，按照法律法规的内容来行使各项权利和职责，在财政工作领域依照法律法规对财务进行管理，运用法律方式规范财政的各项行为，强化监督职能，才可以带动财政改革的顺利实施，从本质上分析，政府的财政收支计划属于法律文件。财政部门作为履行人民赋予的管理国家财政、实施宏观调控职责的重要职能部门，在实施预算和执行方面要接受全国人民代表大会及常委会的监督，同时还受到人民群众以及各级司法机关的监督，这些主体都可发挥监督的作用，这是贯彻依法治国方略，推进依法理财的根本保障。必须建立健全预算的内部和外部监督制约机制、加强对预算资金活动的监督，防止公务人员特别是领导干部滥用权力，破坏预算的严肃性和权威性，严格按照法律法规的要求执行各项政策，对于徇私枉法的行为要严厉打击。

2.预算监督的重要作用

预算监督之所以受到世界各国的广泛重视，是由于预算监督本身对一国政治、经济和社会的重要影响和作用决定的。

（1）预算监督是保障国家财政职能实现的重要手段

政府的公共职能包括了对收入进行分配，合理规划各项资源，维护经济

的稳定发展。要实现上述职能，国家必须制订、颁布和实施各种方针及规章制度。若要使这些财政政策和规章制度得到正确的贯彻及实施，必须有强有力的预算监督来保障。预算监督是保证在编制、执行预算时，能够严格按照《预算法》的规定，纠正违反财经纪律的现象，保证预算资金的筹集和分配能够保障国家实现其各项职能。

（2）预算监督是政府进行科学决策的重要保证。

对于预算的监督必须要实现全流程的管理，丰富监督的形式和渠道。通过调查、质询、反映情况等监督对预算收支的执行情况，一旦发生违规行为，要立即处置，从而保证对一定时期内的国家经济和社会发展的趋势作出科学的预测，并在此基础上科学决策。

（3）预算监督是保证预算的法律效力、维护法律权威性的重要手段

预算一经人大审议通过，即成为具有法律效力的法律文件，任何人、任何单位和部门都无权擅自更改。因此，加强对预算的监督工作，在一定程度上能够保证单位预算的准确，切实保证预算的法律性和维护预算法治的权威性。

（4）预算监督是严肃财经纪律、防范和遏制腐败的重要保证

通过预算监督获得财政立法的实践来源，在预算监督的过程中，可以发现各种违法行为和政策法规的不足之处，为进一步完善财政法规和加强财政立法工作奠定了一定的现实基础。此外，由于腐败经常都是经济行为和政治权力交织在一起，而预算监督正是一种既有政府部门内部监督，又有权力部门、社会中介机构和社会公众监督的有效监督体系，因此，预算监督对于腐败的防范能够起到一定作用。

综上所述，有效的预算监督体系的建立，对防范和遏制腐败给予了经济上的必要的制度监督，对于严肃财经纪律也起到了保障作用。

第三节 绩效管理与评价

一、绩效管理的内涵

绩效管理的理念最早起源于企业管理领域，本节分析绩效管理的内容，会综合相关学者的理解，并且对绩效管理实施全方位的阐述。绩效管理不只是对项目评估和测量，同时还需要关注战略层面上的发展，从战略的高度对组织的绩效内容实施科学有效的评价，并且对绩效实施优化，在分析绩效管理定义时，要注意以下问题：

（一）绩效管理关系到管理人员的职责，在组织内部开展各种管理工作，必须要重视绩效管理的内容，组织在作出决策和执行过程当中，都要对绩效管理的内容进行分析，所以全体管理人员必须要担负起绩效管理的职责，在基层、中层、高层管理方面都要强化绩效管理的作用，不能忽略绩效管理的行为，同时也不能越级监管。

（二）绩效管理体现出了管理的方式以及过程，绩效管理重点在于绩效的结果，但是在此过程当中完成绩效的流程也要重视起来，比如绩效管理的内容涵盖了绩效的计划、监控、评价以及反馈，这些环节是密切相关的，任何环节出现了问题都会影响绩效水平，但是绩效管理也要持续沟通，利用沟通来维持绩效管理的效果，合理的沟通也能够让管理者掌握绩效的发展现状以及目标的实现程度，在解决问题方面也能够起到作用。实施绩效的反馈，也是后期提升绩效水平的重要措施，所以绩效管理工作不仅需要抓细节，同时还要对每一个环节进行把控。

（三）实现组织的战略才是绩效管理的终极目标。开展绩效管理工作包含了大量的基础性任务，但是我们也要关注任务之外的问题，绩效管理在组织战略方面也能起到相关的作用，是组织实现战略目标的重要保障，从不同的组织角度可以对绩效实施有效监管。作为管理者必须要重视组织的战略执行状况，将绩效管理的工作与战略放在同等重要的位置，还要把控不同层次以及不同部门的工作绩效内容，确保各项工作围绕着战略来实施。

二、绩效管理与绩效评价

绩效管理对于企业而言也有非常重要的作用，要求企业的管理者和员工细分企业的发展目标，为了实现双方共同的目的，企业要制定出激励措施，帮助员工完成绩效。所以在企业绩效管理领域绩效管理可以激发出员工的工作热情，同时也能够提升员工素质。但是绩效管理的内容和绩效评价是不同的，是两个概念。不论是在中文文献还是英文文献中，这两个概念都被广泛使用，绩效评价是指在完成了绩效周期之后，使用适当的评价方式对评价主体展开评估。所以，在日常管理领域，绩效评价的概念和人们的认知更加符合绩效管理以及绩效评价既有区别又有联系的关系，可参考表 1-1。

表 1-1　绩效管理与绩效评价的关系

绩效管理	绩效评价
一个完整的管理过程	管理过程中的一个环节
注重信息的沟通与绩效目标的达成	注重考核和评估
伴随管理活动的全过程	只出现在特定的时期
战略性与前瞻性	滞后性

在绩效管理的过程中，绩效评价就占据了重要的地位，但是我们不能把绩效管理和绩效评价划等号。绩效评价贯穿于绩效管理的全流程，只有重视绩效评价的效果才可以实现绩效管理的目标。在组织内部，假如只关注绩效评价，却忽略了绩效管理的其他细节，就会影响绩效目标的实现。绩效管理包含了众多领域，而绩效评价只是其中一部分。绩效评价与之相关的各项管理措施都会影响绩效管理的效果，合理的绩效评价方式可以促进绩效管理活动的发展，所以我们要平衡好二者之间的关系。使用科学的绩效管理措施，也能够带动绩效评价的发展，双方的关系是互存的。通过分析绩效评价的结果，能够发现组织的战略发展特征，绩效管理也是绩效评价的主体对象。得到了绩效评价的结果以后，对绩效管理的措施展开优化和调整。合理的绩效评价展示出客观的绩效结果，其中就包括了绩效信息等内容，这些都是绩效管理优化调整的重要依据；绩效管理以绩效决策为核心，其中就有评价内容以及评价主体、评价方式等，以上元素是绩效管理的组成部分。只有通过绩效评价才能够完成绩效管理活动，所以双方具有密切的联系，但是又不能混为一谈，绩效评价在绩效管理中占据了关键位置，所以绩效评价要看作是绩效管理的重要制度。

第四节 财政管理、预算管理、绩效管理之间的关系

一、财政管理与预算管理的关系

财政管理的各项组成部分中预算管理是核心，各项财政管理的工作也要围绕着预算管理来实施，预算管理和财政管理双方的关系有以下几点：

（一）预算管理占财政管理的主导地位

财政管理由预算管理、税收管理、国家金库管理、政府采购管理等各个财政环节的具体管理构成，预算管理是其核心内容，也是财政管理的重要依据和综合反映。重点关注预算管理，以此作为中心可以推动财政管理的进度。财政收支系统方面，预算处于中心位置，因为预算关系到财政收支的全局，也会影响其他各项收支计划。预算的这种中心地位决定了它必须对整个财政收支系统进行统筹安排、综合平衡，确保国家整体利益的需要。财政经济关系涉及众多部门，预算也可以主导经济关系的发展。

（二）预算管理是财政管理的基础

根据各项预算资金来源编制政府收支计划，全面掌握政府可动用的财力资源，为政府及时制订财政预算、科学合理地安排各项财政支出、履行政府

经济社会管理职能奠定财力基础。通过编制部门预算，明确各部门资金来源构成，同时，也使财政部门充分掌握各部门的基本情况，为财政统筹安排预算资金、优化资源配置、提高财政资金使用效益创造条件。

（三）预算管理是财政管理的基本手段

预算形式上是财政收支计划，本质上是一种财政宏观控制手段。财政资金通过预算集中和分配，使预算收支规模、结构和增长速度能反映国民经济与社会发展的要求。通过对预算收支及其平衡状况的调整，能够直接影响社会总供求的平衡。

综合以上叙述，财政管理和预算管理双方的关系是财政管理包含了预算管理的内容。

二、预算管理与绩效管理的关系

（一）在核心内容上预算管理以及绩效管理是相同的

绩效管理各项要素包含在预算管理当中，预算管理想要达到目的就必须结合绩效评价的内容。绩效的内容划分为成绩和效果两个部分，其中的成绩是指地方政府利用财政资金为当地带来发展，完成某项计划和目标，这些目标可以是量化指标的形式，并且能够实现考核，效果是指财政资金在使用期间所能产生的效果，可以用各项指标来表示，对绩效内容进行考核主要体现在考核的指标和效果层面，所以绩效的各项要素和预算管理的内容大致相同，但是侧重点是不一样的。绩效管理更加关注结果，而预算管理则侧重于预测①。

（二）实现绩效管理的基础是预算执行体系

在预算管理环节，预算执行也是重要的职能之一。如果忽略了预算执行的环节，预算管理活动就无法完整地落到实处。实施预算执行必须要反馈项目的进度，对资金状况量化，然后查看预算的执行进度，其中的预算执行信息可以当作是绩效管理的参考。预算的执行控制确保了预算管理的方向，所以合理的预算执行体系才能够推动绩效管理的实施。

（三）实施绩效管理的前提是预算管理

预算管理要求制定出科学的预算，并且规划和绩效也是通过预算才得以实现。在预算管理中对目标进行分解，然后再细化完成预算管理目标的措施，所以预算管理相当于为绩效管理奠定了基础。

三、财政管理与绩效管理的关系

（一）绩效管理有利于财政管理观念的改变

引进先进的绩效管理理念和方法，有利于增强财政管理效益意识；绩效

---

① 北京国誉会计师事务所有限公司.预算绩效管理实务［M］.北京：中国财经出版传媒集团，2020.

管理有利于完善预算管理工作，提高预算编报的科学性、合理性，凸显预算执行的规范性、严肃性，及时发现预算支出中存在的问题，并随时动态调整和更正，从而不断提高预算管理水平，让财政资源得到更加合理的分配，提升了分配的效率，让财政资金的价值发挥到最大。利用这种理念还可客观地评价财政资金的使用状况，公开财政开支的程度，同时也能够防止公共投资项目出现盲目性的问题，杜绝腐败问题。实施财政绩效管理，也能够让公共资源得到合理分配。并且带动了财政改革的实施，为改善民生作出贡献。

（二）绩效管理对财政管理具有促进作用

站在客观的角度，财政管理本身并不具备激励和考核功能。考虑到可操作性的问题，需要对绩效管理进行完善。财政管理的体系和绩效管理是密不可分的，假如缺少绩效管理措施，必然会影响财政管理的工作。财政管理与绩效管理有着密不可分的联系，如果忽略了绩效管理的内容，经济责任和激励工作就无法融合，所以各部门的经济责任就无法完成和实现，部门在运营期间所出现的问题就得不到合理的解决。所以必须要重视绩效管理的作用，制定出奖励政策，协助不同的部门按照原计划完成任务指标。

第二章　预算绩效管理及理论基础

　　预算绩效管理是在我国公共财政演进和预算改革深化过程中适应我国国情和预算管理实践而提出的一种预算管理模式，它源于绩效预算并被赋予了特定的内涵，是我国预算管理的创新与尝试。鉴于预算绩效管理是在管理学与财政学中相互碰撞中产生的新概念，既有别于预算管理，又区别于西方的绩效预算，并与其他概念有着交叉与联系，为方便读者对预算绩效管理有一个清晰的了解，本章将对与预算绩效管理相关的概念作如下界定。

第一节　预算绩效管理相关概念解析

一、预算绩效的概念

　　预算在实施过程当中会产生相应的效果以及效益，这种产出的结果体现出了预算的安排执行特征，分析效率和效益就叫作预算绩效。从理论角度分析效益效果不会出现本质性的差异，同样的资源投入之后和产出进行对比，就能够得知资源的配置状况。在预算绩效评价方面，预算绩效涵盖的范围更多。常见的预算绩效评价主要侧重于经济性、效率性、公平性和效益性，以上几个方面可以互相依存，从以上角度来分析，了解预算绩效的真正内涵。

二、绩效评价的概念

绩效评价（performance appraisal）有多种观点，但目前业界比较认可的关于绩效评价的定义是："用组织使命和整体战略把组织管理过程各要素整合起来，以结果为导向的系列计划、管理、监测和检查程序，包括目标设定、目标达成以及结果评价的系统过程，代表了一个组织整合各种资源以接近目标的行为和程度。"

三、绩效管理的概念

从理念角度来看，企业不断的成长逐渐出现了绩效管理的理论，由此可见绩效管理应用于企业是非常早的，最开始为企业内部的绩效评价，经过不断的完善也出现了众多的理论。目前专家学者并未形成一致的看法，有专家认为绩效管理的理念如下：绩效管理是管理人员为了让员工或者企业按照组织制定出的目标，而开展的一系列绩效规划、评价、考核、沟通等行为。在这个过程当中，绩效管理的目标是为了提升个人、部门以及组织的整体绩效水平。专家学者们在绩效管理的定义上也有各自的看法，但是从长远角度来看，全面系统化的对绩效管理进行定义是未来的研究方向①。

四、预算绩效管理的概念

本书所称的预算绩效管理，就是以"预算"为对象开展的绩效管理。它将绩效理念和管理方法融入预算管理过程中，使之与预算编制、预算执行、预算监督一起成为预算管理的有机组成部分，是一种以绩效目标为导向、以绩效监控为保障、以绩效评价为手段、以评价结果应用为关键的全过程预算管理模式。其根本目的是改进预算管理，优化资源配置，控制节约成本，提高公共产品质量和公共服务水平，财政部将其定义为：预算绩效管理是政府绩效管理的重要组成部分，它是在现有的预算编制、执行、监督中融入绩效理念。实现绩效管理和预算管理的有机结合。它强化政府预算为民服务的理念，强调预算支出的责任和效率，要求在预算编制、执行、监督的全过程中更加关注预算资金的产出和结果，政府部门在这种要求下要使用较少的资金达成最多的任务，并且在此过程当中也要为社会公众带来优质高效的服务以及产品，这也是政府行为的特征。

针对预算绩效管理的定义分析，主要侧重于以下几点：

（一）预算绩效管理的理念是目前较为先进的理念之一

根据预算绩效管理的内容要求重视绩效管理，并且强调了责任和效率，要求以结果和产出作为重要的导向，让资金的使用效率得到发挥，同时也要

---

① 郝玮，郝建国，吴丽军.财政预算资金绩效管理操作实务：全面实施预算绩效管理实用范本行政事业单位财政预算资金绩效管理操作实务［M］北京：中国市场出版社，2019.

提升产品以及服务的品质。

（二）从本质上来看，预算绩效管理属于预算管理的重要组成部分，使用绩效管理的相关理念以及方式和方法，完善预算绩效管理的模式。

（三）预算绩效管理具备工具属性，使用绩效管理的方式，作为完善预算绩效管理的重要工具，这种工具在技术层面上对预算绩效管理进行优化和调整。

（四）预算绩效管理包括了全过程管理的制度，按照结果为导向对预算的整体流程实施有效的管理，并且预算可以涉及众多流程，比如编制预算、执行预算以及监督预算，在这些方面都利用绩效管理的模式实现整体的把控和覆盖，从每一个环节入手，实现对全细节的管理。

（五）在预算管理方面，预算绩效管理模式可以看作是创新的表现形式，但从本质上分析预算绩效管理，仍然属于预算管理的一部分，在使用期间可以对现有的管理模式优化和创新，但是不能独立地运行，需要结合绩效管理的相关理念和方式方法，完善预算管理的模式，双方可以共同地融合在一起，所以这种预算管理模式是创新的重点，关注资金的使用效率，能够让资源实现最好的配置。

（六）根据结果来评判预算管理的绩效，在预算的制定执行监督等方面，同样会制定出对应的管理目标，在后期的执行过程中也会关注绩效目标的实现情况。

（七）支出责任是预算绩效管理的重要部分。财政部门以及预算部门只有具备明确的支出责任，才能顺利地完成预算绩效管理。

（八）全过程管理是预算绩效管理的主要特点，绩效的管理工作贯穿整个流程，包括了预算的制定、执行和监督环节，预算绩效管理要覆盖整个流程。

（九）绩效管理的众多环节是密切联系的，比如绩效的目标管理、运行监控、绩效评价以及结果的应用，这些内容可以共同为绩效管理带来保障。

第二节　预算绩效管理的理论基础

一、委托—代理理论

委托—代理理论（Principal-agent Theory）是制度经济学契约理论的重要内容，是在研究内部信息不对称和激励问题上发展起来的一项重要理论，其中心任务是在利益相冲突和信息不对称的环境下，委托人如何有效激励代理人。这一理论为预算绩效管理提供了较好的理论支点。

委托—代理理论在政府公共管理以及提供产品和服务方面能够合理的指导，这也是预算绩效管理的理论依据，受托人是政府，可以为社会大众带来公共产品，所以在活动期间必须受到人民群众的监督来满足公众的需求，这种关系就叫作典型的委托—代理关系。

（一）政府以及社会公众在支出方面会出现信息不对称的现象，同时在政府各部门内部也会出现类似的问题。政府作为主要的代理人，而公众群体是委托人，双方的信息不对称问题也很普遍。政府在项目的支出领域，各种信息无法及时地向外公布，所以公众群体并不能掌握完全的支出信息，想要获得这些信息就必须花费大量的成本。从这一点也能够看出，政府给出的支出方案，无法真正的满足全体公众的偏好。从政府内部的角度来看，政府各部门以及上下级也会出现信息不对称的问题，部分信息可以让公众通过体制对外展现，但是和委托人有密切关系的下级部门和机构，获取的信息会更多，这些人员希望通过信息交换更多的资源，得到更多部门以及个人的利益，上级部门由于处于信息劣势，所以无法对资源合理分配。后期的资源分配结果往往无法满足社会公众的全面性期望，这也导致政府的支出绩效低下，所以必须要制定出约束方式来避免这种问题。

（二）在政府预算中的委托—代理关系具有多个层级，多层委托—代理关系加大了政府的运行成本。按照委托—代理理论，委托—代理链条越长，委托人控制代理人的能力就越弱，中间的委托—代理者也就更加容易产生"败德"问题，出现"寻租""设租"现象，增加了政府提供公共产品和服务的成本，降低了社会效率。基于政府预算的这种多层委托—代理关系，需要在预算制度的设计上对代理人的行为进行必要的监督，以进一步讲求绩效。

（三）从产品的属性角度来看，政府部门现有的公共产品以及服务很难实现市场化供给的模式，如果采用私人部门的标准进行考核是不妥当的，因此必须要制定出合适的评价方法。政府和公众存在委托—代理的关系，前提条件是在政府安排的前提下，才能符合这一标准，其中财产的所有者是不固定的委托人，也未完全明确，所以在法律法规的层面上无法给予有效的监督，只有从制度层面入手，制定出合理的管理制度，才能够作为服务的保障，对现有的纪律制度进行完善和优化也是重要的措施。政府可以制定出合理的激励约束机制重点关注绩效管理，利用绩效的评价方式，完善现有的管理体系。预算绩效管理主要关注出资人和经营者，让双方的绩效目标得以实现，对目标内容分解执行，在此期间也要实现有效的考核。对于委托人以及代理人进行法律层面上的监管，这种模式也解决了时间和空间上的分离性问题。所以有效地约束政府的代理人。根据预算绩效管理的特点，对预算管理展开绩效评价，能够反映出委托人及代理人的责任以及具体的执行状况。这种措施可以让支出的效益实现最大化，所以预算绩效的管理也能够解决政府委托代理的问题。

二、公共产品理论

在研究公共事务方面，公共产品理论是新出现的政治经济学理论，可以有效地处理政府和市场之间的关系，在构建现代化的财政体系方面同样可以产生作用，是推动公共财政发展和变革的重要推动力。国家在财政实践方面也利用了公共产品理论。从公共产品的供求角度，可以对预算绩效管理的制度展开阐述。

在实施公共财政改革方面，公共产品理论就起到解释和借鉴的效果。新中国成立之后，在一段时间内我国采取的是计划经济制度，没有放开买方市场和卖方市场，所以有很多产品是公共的属性，但是在这种模式下，商品流通效率非常低，影响了经济的增长。1992 年我国构建出了社会主义市场经济体制，确立了这种制度以后经济发展得到了提升。但是，政府需要负责哪些领域，市场运行制度可以解决哪些问题，政府如何才能够提升管理的效率等，这些问题都要在实践环节进行破解，使用公共产品理论缓解这些问题，让政府更好地界定行政行为，让公共产品快速生产。

（一）在资源配置方式上，利用公共产品理论有助于廓清政府与市场的界限，决定了哪些产品由市场提供最为有效。一般来讲，私人产品由市场来生产，公共产品由政府以"公共选择"等非市场决策行为确定；介于两者之间的，按其配置效率高低决定提供方式，如部分准公共产品采用政府购买服务等方式。这属于第一层次的绩效问题，要求在公共产品资源配置上讲求绩效。

（二）公共产品提供本身，按照税收等价原则，公共产品是政府收取的"税收价格"对于公共产品的费用支付，这就意味着社会公众作为"消费者"支付了相应的费用，政府就要按照公众"消费者"的需要提供适度高效的公共产品，而不能违背公众意愿强制推行不对路的产品。因此，在公共产品的提供上应均衡供求关系，注重公共产品的产出，讲求效果，确保和体现公众"消费者"效用最大化，以满足纳税人的需要，避免无效率的生产，公共产品的满意度也是绩效的组成部分。

（三）政府实施管理职能的重要依据之一就是政府的预算，实现政府的职能也要借助预算的工具，所以绩效管理以及效率的原则必须要放在预算管理领域，对于政府提供的公共产品的成本合理分析，这样才能够约束公共产品的成本，让政府在提供公共产品方面加快供给的效率，对于纳税人的费用也要做好合理的使用，避免出现浪费问题，在这一方面可以看作是第三层次的绩效管理问题，注重产品的生产商们以及消费者使用的效用。

三、新公共管理理论

新公共管理（New Public Management，NPM）理论以现代经济学和企业管理理论为基础，是对传统行政层级控制管理和官僚行为模式的反思与发展，代表了一种新的公共行政理论和管理模式。它主张在政府公共部门广泛采用私营部门成功的管理方法和竞争机制来提高行政管理效率、服务质量和水平，重视公共服务的产出，强调在解决公共问题、满足公共需要方面增加有效性和回应力，要求政府实行更加灵活、富有成效的管理。新公共管理理论是近年来西方国家规模空前的行政改革的主体指导思想之一，推动了政府绩效改革，是预算绩效管理的机制支撑和管理基础。

根据新公共管理的内容，要求公共服务必须要提升效率，同时也要减少重复的建设，避免出现成本的浪费，从服务的质量和效果入手，重点关注政府的绩效管理工作，绩效管理和政府的预算管理行为也有密切联系，所以预算管理的创新活动带动绩效管理的发展。

（一）新公共管理要求构建服务、责任、效率政府

新公共管理理论的出现，让政府的行政管理理念以及方式都出现了变化，首先，政府在行政管理上传统的是以市场作为导向，而现阶段政府则采用了顾客导向的服务理念，这就体现出了政府的契约精神，政府在发展转型

过程中构建出了服务型的政府，所以会非常重视公共产品以及服务的发展现状，以顾客作为驱动的主体，政府才能够提供多样化的产品，不断地满足顾客的需求。其次，在行政管理的领域使用市场化以及企业管理的方式，完善现有的绩效评估体系。因为，企业管理要求核算人员和成本，应用于公共管理也能够提升服务效率和质量，让政府减少财政方面的压力。政府根据外界的变化状况和利益主体采取灵活主动的措施推动政府的行政行为，以上措施能够让政府的绩效得到提升，这和政府的发展目标是一致的。因此，构建出政府的绩效管理框架，参考预算绩效管理的内容，这也是实现预算绩效管理的重要基础。

（二）政府绩效的核心是提升预算绩效

以新公共管理理念提升政府绩效的行政管理，直接带来了政府预算理念和控制机制的变化，因为预算是政府施政的落脚点，是政府职能的集中表现。正如德国学者指出，"新公共管理特征至少包括：削减预算、绩效责任、绩效稽核、绩效测评、财政管理的改革等"。其对预算管理的影响主要是：一方面，预算理念从投入预算转变为产出预算，并由此带来了预算模式的转变。各国传统的预算理念注重对投入的管理，预算编制、执行均以投入为基础，而忽视了对产出的管理。新公共管理的理论可以让国家在财政管理上重点关注结果的管理，并且对于公共资金的使用状况进行评估。预算的控制制度也出现了变化，根据新的制度要求，必须要重视资金的使用状况，制定出问责制度，在预算执行期间使用弹性的执行方式，让各部门充分拥有自主权，这样才能够有效地减少服务的成本，并且让资源配置的效率得到优化和提升。

第三节 预算绩效管理的意义与作用

一、预算绩效管理的意义与作用

（一）有利于加强预算管理

1.预算绩效管理重点在于绩效的管理理念，政府为社会提供公共产品以及服务是制定预算的重要前提，政府在预算编制方面也要提升编制的水平，与部门的发展规划进行匹配，根据不同的项目采取有针对性的编制计划。这样才能够避免政府对公共资源的侵占问题。现阶段财政资金有限，如果只关注用人成本，而不对具体的任务进行落实，就难免会出现资金使用效率低下的现象。

2.现代化的财政绩效管理与预算绩效为特征，财政管理发展到现代社会以后，必然要选择预算绩效管理的方向，通过这一管理措施能够提升财政管理的水平，我国各级财政部门实施预算绩效管理期间，要重视管理理念的升级和优化，利用管理手段提升绩效管理的质量和水平，在预算管理方面创新，重点管理绩效的监控和评价环节，这样及时发现项目中存在的问题，给出解决的建议，这样才能有效地对预算的分配评价。转变预算管理的重点，是由规范性管理开始过渡到效益性管理，这种管理可以从本质上优化绩效管理的状态。

3.在推进预算公开领域预算绩效管理也可以产生引导效果，这些措施让财政的透明度得到了优化，并且可以让公共财政管理变得更加切实有效。我国的财政收支规模在不断地增长，公民的维权意识也在提升。因此，社会公众群体普遍要求行使预算执行权，要求政府对外公开财政资金的使用方向和内容。在这种背景下，政府的财政资金投入产出的使用状况和效益是民众关心的问题，通过这些监督措施，确保政府的财政资金可以产生效益。在预算绩效管理框架下，从预算绩效目标的编制、执行以及结果等方面全方位关注绩效信息，实现预算绩效结果在各预算利益主体及社会公众之间的共享与公开，可以最大限度地规避以往因预算透明度不高而造成人们对预算结果不满或缺乏信任的现象，采用新的措施塑造出阳光财政，让财政的管理模式变得更加透明。

（二）有利于完善公共财政体制

公共财政管理发展到现阶段，必须要提升预算绩效，这也是当下新时期的要求，我国在建设公共财政领域，同样强调财政支出的绩效。公共的财政建设过程需要实现公共化和民主化的创新，这样才能促进财政资金的高效利用，从这一点不断地优化公共服务的水平，让全体人民都能享受益处。公共财政具备了顾客导向的特征，要求财政支出管理考虑到社会公众的真实服务需求，强调结果导向，从原来关注预算运作过程的控制与监督，转到更多或主要关注预算活动的结果，采取灵活的方式向社会公众带来丰富的公共服务和产品，让预算的支出效用快速增长，避免出现资金浪费的现象。因此，通过将绩效理念融入预算管理过程中，探索并建立一种新型的预算绩效管理模式，有助于进一步调整优化支出结构，构建较为规范的公共支出服务体系，推动公共财政体制内容的不断完善。

（三）有利于促进财政可持续性发展

当前，经济发展已由高速增长进入中速增长的"换档期"、结构调整的"阵痛期"，财政发展形势也呈现了新的特点，财政减收、支出刚性扩张、债务快速累积等多重因素叠加，使中央、地方财政的可持续性面临考验。在可预见的相当长一段时期内，财政支持经济发展方式转变和经济社会改革的任务还相当繁重，财政收入增长空间有限，财政收支压力进一步加剧。在这种情形下，加强预算绩效管理，寻求以提高预算绩效来发挥资金效益的路径，具有明显的积极效应。一方面，各类民生支出，如社保、医疗、保障性住房等硬性缺口很大；另一方面，未来需要偿付的资源环境破坏方面的"代际"支出是个巨大的"无底洞"，加之财政资金被挤占挪用、"跑、冒、滴、露"现象依然没有得到有效遏制，"面子工程""政绩工程"等造成大量重复支出、低效支出使财政可持续性堪忧。加强预算绩效管理，将有助于缓解财政收支矛盾，减少损失和浪费，防范财政风险，满足不断增加的支出需求，确保经济持续增长与各项社会事业协调发展。

我国的公共财政体系在不断的发展，有了完善的体系以后，财政开始放弃竞争性领域，其分配层面由原来以经济建设为主扩展到社会民生的各个方面，主要的服务对象也出现了变化，从传统的企业部门开始过渡到广大公众群体，这种局面的转变让政府的财政管理出现了新的压力。所以，强调预算绩效的管理内容是大势所趋，关注预算绩效的管理内容，让政府提升综合管理能力，才能真正地为社会群体带来服务以及公共产品，以满足各个方面、不同层级的需要，以及营造推进财政发展改革有利外部环境的需要。重视预算绩效管理的模式，要求解决重分配轻管理的问题，让财政资金在短期内实现充分利用，这也是回馈社会的重要行为，让财政部门在社会上建立良好的形象有利于提升社会的整体凝聚力，同时也要依靠社会支持财政的改革，为社会经济发展带来健康的氛围。

（四）有利于推动政府职能转变

我国社会在不断的变化，而预算财政体系是当前社会发展的重要表现之一，财政预算作为重要的发展政策，对于政府的活动方向以及范围都有明确的要求，因此预算也是影响政府部门行为的重要工具。重视预算绩效的管理，要求各部门具备支出责任意识，以执行结果为核心开展绩效评价活动。这些都是规范政府职能的重要措施，逐步退出政府支出配置效益不高而市场配置效益高的领域，让政府的职能快速地完成转变，由职能型政府逐步过渡到服务型政府，以全体公民作为发展的核心，为人民群众带来更多的公共产品以及服务，提升工作的质量和水平，落实各项政府决策和任务，为政府履行职能提供更加坚实的物质基础和体制保障，进一步维护和提升政府形象，增强政府执行力和公信力。按照预算绩效管理的方式，加快预算支出制度的转型升级，从供给保障过渡到有效供给，促进政府提升绩效的管理水平，推动政府职能完成改革，实现从行政管理到公共管理、政府治理的转变，强化政府受托责任和为公众服务的观念，增加政府行为的透明度，促进政府创新管理理念与管理方式，推进服务型政府建设，提高政府运行效率，打造高效、透明、责任政府。

（五）有利于推动经济发展方式转变

预算绩效管理的本质是对预算的支出效率和预算效益评价和管理，财政管理的多个环节也要重视预算绩效的作用，根据绩效的目标利用好有限的财政资金，对财政支出的绩效作出评价，以结果作为导向，"花钱必问效，无效必问责"，从传统的收支管理向关注资金的绩效转变，从以往的"重分配""重增量"向"重管理""重存量"转变，不仅要关注财政的增量发展；同时，也要注重配置的效率。平衡好财政的支出效果以及政策力度，这也是保障经济平稳发展的重要措施。同时也要管理好财政内容，为广大民众做好理财。通过多项措施保障民生，一切为了人民，让人民享受到发展的成就。

二、国内外预算绩效管理现状分析

（一）国外预算绩效管理现状分析

1.美国的预算绩效管理现状

（1）美国绩效预算组织架构

美国实施的政治制度为三权分立，司法、立法以及行政机关都会涉及预算管理的内容。预算编制由总统、总统管理与预算办公室（Office of Management and Budget，OMB）与财政部门展开了有效合作，编制预算草案则由财政部门负责，具体内容的制定由OMB管理；总统审核通过后提交至国会，国会内部分为参议院、众议院，其下辖的国会拨款委员会、筹款委员会以及审计总署（Government Accountability Office，GAO）等机构分别对预算展开审查确保审核结果的公信力。为了更好地实现公共受托责任，美国绩效评价组织类型主要有两个类别：责任总署主管型和政府受托评估型。第一种组织内部会安排专项工作人员，具体的评价路径如下：审计总署会遵循科学的原则，对部门的各项职能进行评价，挑选其中的关键性指标制定出合理的评价方式，搜集有效数据，通过匹配数据与评价指标获取评价结果，并与事先设定的绩效目标进行比较之后得出绩效评价结论，最后公布绩效评估结果。政府受托评估型组织可与政府部门进行合作，双方共同成立评估办公室，相对于前者，政府受托评估型组织成员更加复杂，不仅有公务人员，同时还有第三方专家参与。该组织根据绩效目标的分解情况编制绩效评估指标体系，寻找目标数据，在充分论证的基础上得出绩效评估结果并公布。

（2）美国预算绩效管理体系

在美国实施政府绩效预算管理主要有五个阶段。

①编制阶段。各联邦政府以及下属部门会分析项目的具体状况，制定出完整的计划，其中有项目立项表、预算表；根据项目构建一个账户表，以便为后续项目预算的执行和成本会计方法的实施服务；根据服务项目设立目标和绩效指标等绩效相关信息。最后，OMB负责最终的汇总，将以上的部门预算总结成联邦政府总体的预算方案，这些方案需要上交给总统完成审查。美国政府的做法从源头上把绩效和预算编制作为一个整体，项目的管理者在提交预算申请时，就要将绩效信息一并提交，通过这些措施也能够反映出绩效数据信息，并且在新项目实施或者暂停方面都可以作为重要的依据。

②审核阶段。国会收到总统提出的联邦预算草案后，将组织对支出有管辖权的委员会以及两院筹款委员会进行审议。对下一年度预算，国会预算局将会在本年度2月向两院预算委员会提出预算报告。两院的各专门委员会则在收到总统预算案的6周内，提出关于预算收支的意见和评估，4月，两院预算委员会提出国会预算决议案，提交众、参两院讨论，并通知总统。4月至6月，总统对预算决议案提出修改意见，并报告国会。在第一个预算决议案通过后，两院拨款委员会和筹款委员会即按照决议规定的指标，起草拨款和征税法案。国会需要在本年度6月30日前完成所有拨款方案的立法工作，在9月中旬前通过规定预算收支总指标的具有约束力的第二个预算决议案，并将其提交给总统。

③执行阶段。由国会对预算进行审核，通过以后总统会签字确认，完成这些环节之后，预算内容就正式生效，行政部门负责具体的执行，在遇到项目变动时需要对国会报告。联邦政府各部门主要借助信息化管理技术，通过绩效评估系统、财务管理系统和成本会计系统对项目的实时绩效实施动态管理。

④对绩效展开评估。国会负责绩效评估的办公室会参考结果导向，使用对应的评估工具全面地分析项目的绩效状况，同时也会对比编制阶段的目标和执行过程中的项目绩效，对于尚未实现的绩效目标进行说明，列示绩效评估中的创新点以及评价机构和公众对于年度绩效目标实现情况的评价，在此基础上出具年度绩效报告。

⑤评估结果的应用阶段。联邦政府会对绩效的成绩和指标展开对比和分析，假如没有完成绩效目标就必须说明原因，同时也要制定出完成的计划表和时间表。在应用期间，如果绩效目标不切实际，就要做出改进，并且及时地停止执行。

（3）美国预算绩效管理对我国开展预算绩效管理的启示和借鉴

①要制定出公开透明的预算管理制度，在美国宪法当中就有相应的规定，公款收支的账目信息必须要对外公布，这些条款是政府实施财政预算公开的重要依据。美国的宪法通过300多年的完善和优化，美国的预算绩效管理体系已经成型，并且变得更加规范透明，在编制、执行、监督和绩效评价方面都有对应的规定。使用现代化的网络信息技术，能够加快信息公开的速度和效率，也能提升信息公开的质量以及水平，让社会公众可以

快速地获取预算信息。最近几年我国的预算信息公开执行方案也有了进步，但总体而言仍然落后，为了解决以上问题可以从以下几个角度入手带动预算的公开。第一，结合新出台的预算法，强化公开的力度，从预算法的要求入手，将部分内容公开，同时也要监督，强化执法的效果。第二，逐步将预算的公开范围扩展开来，细化各项内容。第三，创新更多的公开方式，比如配合图表数据等信息，在年度对比、项目对比和部门领域进行对比，这样丰富了文字的表现形式，让普通群众更好地理解预算的信息。

②制定出完善的绩效考核评价制度。在美国已经制定出了完整的政府工作绩效考核评价体系，并且关注了绩效评价的结果应用，在预算上都可以产生良好的效果。国内计算绩效管理工作也有了一定的进展，但是仍然有不少部门、单位缺少绩效管理的观念，在制定预算绩效管理目标时，仍然存在较大的困难，所以我们国家可以参考美国的预算绩效管理方式，从中吸取经验和教训，具体以下几点：

A.在部门内部普及绩效管理的理念，大力弘扬绩效文化，让财政支出部门具备支出责任意识和效率意识，绩效管理的理念作为重点强调的部分，在财政管理上时刻突显绩效管理的重要性。

B.确定重点绩效评价工作。预算部门的项目支出，绩效评价范围要逐渐扩大，挑选出重点项目绩效评价的主体然后实施重点管理，通过以点带面的管理方式逐步推行。

C.重视绩效评价的结果运用，并且将结果应用当作是预算绩效管理工作的重要出发点。绩效评价结果可以作为考核部门工作目标的内容，个别单位以及部门会出现工作失误，这些主观原因会导致资金浪费，影响资金使用效率，在这一方面要开展绩效追责。

D.构建出预算绩效管理的制度层次，分析成熟市场国家的通常做法，可以对预算绩效管理制定出专项法律。出台更高层次的预算绩效管理法规，从长期发展角度给予指导，同时也要配套出台对应的管理制度和工作流程。明确绩效管理的责任主体、评价方式、评价对象以及管理规范。

③注重信息化建设的力度，提升资产管理的整体效率，我国在不断的财政改革，在此期间也非常关注信息化建设的现状，财政业务也非常重视信息化管理的措施，在财政部门构建出信息化系统实现信息的实时共享。然而现阶段国内的财政部门仍然无法完成一体化发展，在这一方面美国的财政管理信息化程度较高，使用信息化管理的系统可以实时地管理政府的资产，各项数据信息可以作为管理的重要依据，为资产管理的精细化打下了好的基础。

在这一方面，我国也要强化信息化的建设力度，具体有以下方面：

A.构建出预算全流程的管理业务系统，以预算指标作为制定的标准，分析财政发展的改革局面，利用国库的收付系统作为系统的基础，选择龙头企业作为预算指标体系，结合各部门的业务状况对资源进行充分地整合，对现金流、资金流进行有效的闭合管理，以上内容是制定业务信息系统的重要部分。

B.在全国范围内实现财政数据信息共享制度，制定出应用共享平台，让中央以及地方的财政系统可以完成对接。

2.英国的预算绩效管理现状

（1）英国绩效预算管理组织架构

英国绩效预算涉及的参与方主要有财政部、议会、内阁、公共服务和公共支出委员会与国家审计署。其中，财政部作为英国政府的综合性经济管理部门，负责编制和执行年度财政预算、制定经济和财政政策，承担英国国民经济的日常管理；各部门预算支出在财政部审查完成之后，上报议会审批，尤其是追加的各项支出，必须得到议会的批复；内阁公共服务和公共支出委员会主要负责政府绩效评估与绩效审计工作的指导和监督，并提出相应的改进建议；公共支出委员会下设国家审计署，负责具体的绩效评估和绩效审计工作，作为政府绩效评估活动主要实施主体的国家审计署完全独立于政府之外，组成人员不具有公务员身份，由议会专项拨付审计经费。国家审计署每年向议会下院公共账目委员会提交多份政府绩效报告，指出政府工作中存在的问题，就提高工作绩效提出各种建议并回答所有议员的咨询。英国开展绩效评估的组织机构主要有两类，除去负责中央政府部门绩效评估工作的国家审计署之外，还有负责地方绩效评估活动的地方自治审计委员会。英国地方绩效管理组织是地方自治审计委员会（Audit Commissio），对地方政府传来的指标测量值报告及实际成效进行查询和监督。地方自治监察机构是在1983年设立的自律性组织，委员由内阁任命，是独立的第三方组织。

（2）英国预算绩效管理内容

①绩效目标的制定。英国政府在预算绩效管理方面会全流程的管理，包括设置绩效目标、对资源分配、监督预算绩效、对绩效审计以及后期的信息

应用，每一个部分的内容联系密切。设置绩效目标重点要关注以下方面，政府会明确各部门的发展战略以及未来的发展目标，分析战略目标的状况，然后制定出对应的绩效标准。英国的政府部门财政部会与各部门共同协商制定出战略目标、绩效目标以及绩效的指标。双方沟通以后，会签署公共服务协议部门的发展战略，与政府的财政部和各部门通过协商来完善，具体的内容交给各部门去落实，财政部只需要对内容审查并且提出改进的建议。通常情况下部门的具体绩效任务衡量标准和各项指标，由财政部门和部门内部协商讨论，这种方式可以让绩效目标提升可操作性，确保达成预期的目的。

②对资源和资金进行合理分配，不同的部门在获得了预算资金以后也会签订内部的协议，这些协议对于绩效的结果都有明确的规定，内阁委员会主要对资源的分配和绩效任务展开管理，各部门必须要对资金的使用状况和绩效特点进行改进。财政部门会制定出政府的总体开支计划，各个部门的支出额度和绩效合同也会同步展示，并且使用正式对外发布文件内容，另一方面议会也会对内容进行审核，议会可以召开部门会议，对部长进行问题的质询，这些措施都属于监督行为。

③对预算绩效完成情况进行监督。财政部、内阁委员会定期对各部门和机构在完成绩效任务过程中存在的风险检查和监控。负责公共支出的内阁委员会，每年两次召集各部门负责人汇报该部门当前绩效目标的完成情况、存在的风险以及控制风险的计划。如果某个部门的绩效下降，内阁部长会与该部门找出解决办法，确保绩效回到正常轨道上。财政部每季度收集一次各部门绩效任务的进程信息，定期发布，并向内阁委员会报告。

④提交绩效报告。为了便于权力机构、政府领导层和公众及时了解各部门完成绩效任务的进展情况，政府部门每年两次向议会提交绩效报告：

A.春季提交的部门年度报告（Annual Departmental Report，ADR），年度报告是一个财政年度结束后提交的报告，要求说明部门绩效任务的最终完成情况。

B.秋季提交的秋季绩效报告（Autumn Performance Report，APR），一般在每年的12月提交，属于预算进程报告，对外公布各部门执行PSA各项任务的进展情况和已经取得的业绩。公众和其他组织可从财政部或各政府部门的网站上获取相关绩效信息。

⑤第五，对绩效展开审计。在绩效预算方面，绩效审计占据着非常重要的地位，使用绩效审计能够了解部门的预算支出实际状况，对比绩效的发展目标和实施状况，查看各部门的预期完成状况。权力机构会使用审计机构的绩效报告，对政府的运行状况展开监控，绩效报告在政府部门实施预算决策时，也会产生参考价值。预算年度完成以后，英国政府的各个部门会参考预算的执行状况，上交预算绩效报告。国家审计署会对绩效实施有效的审计，最终的审计结果会公布给账目委员会，最终形成的报告需要政府进行审核，此后的结果还会对外进行公布。

⑥绩效信息的应用。后期的预算资金分配和决策都需要参考部门的绩效信息。在英国，绩效结果和预算会存在直接的关联，取得绩效成绩较好的部门，政府会给予奖励，如果连续三年保持良好的绩效，政府的奖励会非常丰厚，比如给予财政利益奖励或者提升地方的自治权利。地方政府以及各个部

门会在这种制度的激励下关注支出的结果,让支出的绩效不断提高。如果绩效完成度较差,或者没有完成绩效任务的部门,内阁委员会首先会给部门提出建议,协助部门寻找原因,然后进行改进。

（3）英国预算绩效管理的启示

①政府的绩效以及预算绩效能够融合在一起,这些都是预算绩效管理的重要基础。英国政府自20世纪70年代以来实施的政府绩效管理改革,为预算绩效管理的推行提供了沃土。通过政府绩效管理的实践,厚植了绩效理论,提升了技术方法水平,培育了绩效意识和文化。正是得益于此,英国预算绩效管理质量得到提升。我国的政府绩效管理也有着较为丰富的实践过程,虽然当前在全国层面并没有推行统一的模式,但近些年来,中央各部门和各地在不同程度上展开了工作目标考核、机关效能建设、政府绩效考评等活动,这都意味着政府绩效管理理念和技术方法积累了丰富的经验。全面实施预算绩效管理需要充分利用好这些资源,将预算绩效与各部门和各地的政府绩效管理有效衔接,一方面降低实施成本,打破"信息孤岛"效应;另一方面更好地发挥财政对政府各项职能活动的支撑和调节作用。

②关注预算编制以及绩效目标的质量,有针对性的强化预算绩效管理。绩效目标是预算绩效管理的重要龙头和抓手,绩效指标是对绩效目标的具体化,是标准、是导向。英国政府的预算绩效目标着眼于对部门战略目标的分解和落实,形成具体、可量化、可考评的绩效指标,从而建立了一套完整的绩效计划和行动指南,通过绩效评价,确保政府战略目标的实现和落地。强化绩效目标设置也是我国近年来推行预算绩效管理的重点工作,但在当前的

实践中，依然存在预算绩效目标设置不科学，与部门战略规划、年度计划、重点工作任务衔接不够紧密的问题。建议借鉴英国经验和做法，着眼于与部门战略规划目标有效衔接来设置预算绩效目标，通过运用平衡计分卡、战略地图和关键绩效指标法等技术方法对部门战略目标进行具体化、明细化和可操作性的分解，从而将当前预算绩效管理的方向逐渐由以项目评价为主转变为以部门整体评价为主，助力部门整体战略目标的实现，增强预算绩效管理的针对性，发挥其最大作用和价值。

③重视预算绩效的评价过程，采取多方位、多角度的评价制度。英国政府预算绩效管理从部门战略目标分解、业务计划签订为起点，以运用绩效信息调整下一年度绩效目标为终点，形成了一套闭环管理的运行体系。而绩效评价的过程是将内部自评与外部评价相结合的过程，既有部门对自身工作的评价总结，又有外部审计的绩效分析，还有预算责任办公室的宏观评估，构建了多方位、多角度的绩效评价体系。现阶段国内的预算绩效评价活动有部门内部的自我测评、第三方机构和财政部门的评价活动。目前中央政府各部门对绩效目标的自评已实现了全覆盖，但有于自评结果作为预算申请、安排的重要基础，因而往往出现抬高自评分数，评价结果不够客观真实的情况，自评工作质量不高。一方面，需要完善部门绩效自评机制，从正向积极引导各部门主动运用绩效管理工具提升本部门管理水平；另一方面，加大财政部门重要支出活动绩效评价和第三方评价的力度，完善内部评价与外部评价相结合的机制。同时，持续加大外部审计对绩效信息的关注和分析，与财政部门绩效评价形成合力，共同提高预算绩效管理水平。

3.澳大利亚的预算绩效管理现状

（1）澳大利亚绩效预算管理模式

①制度体系。澳大利亚政府对外公开了《财务管理责任法》《审计长法》，从立法的层面对政府支出部门的资金使用状况进行了硬性的规定，利用法律法规要求各部门行使适合的权利。虽然各部门享有自由的载量，但是要结合部门的支出效率，完善内部的各项管理制度，提升公共服务的绩效，更重要的是指明了部门绩效管理改革的方向。

澳大利亚政府制定了《预算报表诚信法》。从法律法规的角度要求各政府部门制定财政报告以及经济发展的报告。制定报告的过程中要采取会计管理的模式。政府会计制度也在进行改革，澳大利亚政府要求政府的报表必须要真实有效地反映出政府各项活动的成本，所以通过该法案可以提升成本预测的科学性。

澳大利亚政府制定了《公共服务法》。根据该法案的内容，对于各支出部门的自由裁量权进行了约束，强化政府在绩效管理方面进行改革，同时也要带动支持部门的积极性，这些都是政府提升公共服务效率的重要基础。

②组织架构。澳大利亚是行政体制为分权制的联邦国家。政府的组织架构由三级组成，不同的级别会负责对应的管理事务。澳大利亚的联邦政府在转移支付上包括健康教育公共设施以及社区服务等，这些资金都是从转移支付来获取，当地政府是服务的主要提供者，所以绩效管理的内容是对支出部门的工作内容进行评估。在这种情况下，澳大利亚政府要求政府部门必须要制定出完整的支出和产出计划表，对于政府预算的活动数量、质量以及有效

性展开全方位的评估，这些内容体现在预算和决算报告当中，财政部门会制定出绩效管理政策，引导各机构提交绩效报告信息。通过以上措施共同带动预算绩效管理工作的实施，财政部门在政府的支出顺序上也会提出建议。澳大利亚议会的职能是审核预算，对预算执行状况监督。参议院与财政部门和审计联合委员会共同管理公共账户以及审计工作，审查相关部门的年度报告以及各项绩效执行标准。联邦机构以及企业要以联邦机构出台的企业法以及各项法规为准，制定出业绩发展报告。

（2）澳大利亚预算绩效管理体系

澳大利亚在绩效评估方面采取了多元化的主题吸引公民参与，其中主要的方式有以下几种。

①实施综合绩效评价。采取这种方式对全国的政府服务绩效展开评价，通常情况下一年举行一次。总理内阁会组织政府筹划指导委员会，对政府部门的服务实施绩效评价，重点关注政府的整体服务状况、经济建设状况以及社会发展的各项指标。对于政府的职能定位、工作满意程度等展开合理的考核，其中也有教育、司法、卫生、应急管理、住房等方面，这些作为考核的重点领域。筹划指导委员会需要公布评价的结果，然后由内阁总理部门审议，政府在后期的战略规划预算方面都会以此内容作为参考。例如，该委员会在全国 2009～2010 年警察服务领域的报告中，从公平性、效率性、效果性三个方面对 6 个州和 2 个领地的警务预算收支、警察结构、公众满意度、犯罪率、案件平均费用等方面共 21 个绩效指标进行了评估和测评。

②部门绩效评价。澳大利亚联邦财政部规定，各个部门在绩效信息、绩

效考评办法、绩效评估和绩效报告等方面，都应当依据财政部制定的原则进行管理。各部门按季度提交部门绩效评价报告，主要包括本年度计划绩效指标与实际执行情况的对比、与以往年度绩效指标实现情况的比较、对年度绩效计划的评价等内容。财政部门先对各部门提交的绩效评价报告进行审核，年度报告将报议会审议通过。年度报告主要评价绩效目标的完成情况与所使用资源的匹配情况、各项支出的合理性、绩效信息的可信度以及评价方法的科学性等内容。评价结果及时反馈给各部门，并将作为下一财政年度战略目标和预算安排的参考。2010 年以后，随着更多的权力下放，澳大利亚政府改变了对部门绩效评价的一些强制性要求，允许各部门自行准备评价方案。为指导部门开展绩效评价工作，联邦财政部会不定期向部门提供一整套做得更好的绩效评价案例，供各部门参考。评价方案每 3 年需要重新进行一次调整和测算，如果部门在一个财政年度有新的预算开支项目，也需要重新准备评价方案。

③绩效审计。澳大利亚《审计长法》（Auditon-General Act）规定，联邦审计署可以对政府任何机构、企业、项目、行业进行绩效审计，绩效审计是通过检查和评估资源使用、信息系统、风险管理、提供产品和服务、遵守法规和职业道德、监督控制和报告系统以及运营考核等，来衡量公共部门管理的经济性、效率性和效果。

（3）澳大利亚预算绩效管理改革经验对我国的启示

①制定出科学有效的预算绩效评价指标系统。开展预算绩效管理的前提条件就是制定出合理的绩效评价指标体系，评价指标可以从理论上为预算绩

效管理带来指导，目前我国财政部门有部门项目和财政综合预算等共同的指标，但是尚未在全行业形成统一的预算绩效管理指标系统。缺少标准化的预算绩效评价体系以及案例的数据信息库，这就导致各地区在预算绩效评价方面无法形成统一的指导，所以我国政府要根据当前行业的发展特征，制定出合理的绩效评价指标体系，以有效的指导预算绩效的评价活动。

②采取问责制度，强化对过程的监控。各级地方政府部门要联合纪检监察部门、审计部门和财政部门共同组成预算绩效巡视小组，重视对整个过程的监督，确保项目处于可控的状态，对预算资金的支出状况以及绩效目标的完成度进行审核，从预算绩效管理的过程入手，提升资金的使用效率，另一方面使用问责制度对相关项目的责任人进行问责，效率低下甚至违规的项目负责人要受到惩处。

③制定出第三方的评价机制，使用第三方评价能够维护评价结果的客观性以及独立性。经过第三方评价产生的绩效结果具备公信力和权威性，地方政府可以组织专家学者以及中介机构共同组成第三方评估小组，完善第三方评价制度。国家需要进一步地培育独立第三方的中介机构，为预算绩效管理工作带来优质的服务。

④重视预算绩效评价结果的使用预算绩效，评价结果出台以后要进行优化和改进，使用预算绩效管理是为了提升预算管理的水平，让资金得以发挥出最大的价值。预算绩效评价结果同样要重视反馈和应用，通过对结果展开分析，可以发现预算在执行期间出现的问题，在下一年度做出合理的调整，评价结果和预算编制、资金分配以及绩效考核能够融合在一起，共同推动预

算管理工作的改革。

4.丹麦预算绩效管理现状

（1）制度体系和组织架构

丹麦拥有众多的福利并且将福利当作是一种制度。丹麦的执政体系为多党制，所以在预算方面也有对应立法。在公共预算改革方面，丹麦政府选择了和选民站在一起，所以选民的偏好会影响政府的公共预算改革措施。但是这些问题也同样存在弊端，选民的变化是不固定的，丹麦的公共预算改革就无法形成系统化。在公共预算改革方面没有出台预算法以及立法依据，所以丹麦政府在预算绩效管理上比较乏力。丹麦的宪法当中对于预算的规定被人为地忽视，在2012年丹麦出台了新的预算法，但是并没有关注绩效预算改革。目前丹麦国内有众多的党派，所以这种政治体制难免会产生负面的影响，在预算改革上，丹麦政府采取的是灵活性和弹性的管理制度，这些措施避免出现政治争端，在预算改革方面同样表现出了灵活性的特点，但在顶层设计上并没有做出有效的管理。因此，财政部门并没有充分地参与其中。政治体制的影响对于绩效预算的改革带来了负面作用，财政部的预算职责和行政效率缺失，所以财政部在丹麦并没有发挥出应有的作用。

（2）管理体系

①期望能通过提高对产出的关注，使决策者区别对待政府等不同目标；关注产出可以提高政府服务的质量和效率；通过减少部门间的信息不平衡来提高效率。每个机构必须准备年度报告，列明协议中预设目标的完成情况。年度报告是对中央政府部门彻底地绩效评估的基础材料。绩效协议包括四个

部分：协议方、机构使命、机构任务与目标、可选择部分。为阐明机构的特殊任务和主要目标间的关系，从目标和活动的层级上分析机构的行为，依次为：财政手段、投入（资源）、分项活动、整体活动、服务、产出和结果。由于最终目标在预算案中有明确并进行相应的预算分配，这种对活动的阶段划分有助于预算编制向权责发生制转变。目标和绩效协议条款由机构和部门的决策者协商制定，部长们一般不直接参与协商。

②对绩效的评估效果展开评价。丹麦会使用项目等级评价工具，分析政府的公共项目，然后作为重要的预算管理依据。丹麦的绩效评估体系有以下几种。首先是实施绩效评估层级体系项目的评价部门以及部门之间的评价；二是实施比较绩效评估，将项目的评价结果在政府部门内部予以公开，引入激励因子，形成政府内部各个部门之间相互比较、相互竞争的良好态势；三是预算活动和绩效评估融合为一体，这样做是为了提升项目以及部门绩效的动力。

③预算程序中整合绩效信息。预算程序中的信息来源于年度报告、绩效协议、评估和效率战略。在丹麦，没有严格的绩效检查体系直接对预算反馈。然而，通过预算分析、年度报告、效率战略和财政部与支出部门间的双边协议所获得的绩效检查信息，将会影响对预算的投入。机构的年度报告阐明了针对所有特定产出/结果的目标实现情况，报告在每个财政年度结束后3个月公布。另外为了提升操作的便利性，政府财政部门会把年度的绩效报告与年度财政报告放到一起。产出和结果已经纳入损益表、资产负债表和现金流量表，报告相应机构既定目标的完成情况。绩效管理法案要求各部门

有义务出具年度报告，以评价与预算相关的绩效以及与部门主要职责相关的外部目标的绩效状态，即所有的政府部门都应拥有一份绩效合同。财政部颁布绩效合同的指导规定，将合同作为部门制定绩效规划行为准则工作的一部分。丹麦将年度报告、绩效合同、评价和效率战略作为一般预算流程的内容，通过预算分析、年度报告、效率战略以及财政部和有关部门的双边接触所获得的特定绩效审查信息，在一定程度上影响预算的投入。根据绩效协议内容，年度绩效报告提供有关资源运用的信息和目标完成的情况，这需要根据权责发生制的会计准则和预算要求改进报告，年度绩效报告最多不能超过20页，必须包括以下主要内容：

A.简介。介绍机构、结果和期望值。

B.绩效报告。包括外部既定目标、实际绩效、绩效完成与否的分析、对预算节余的解释。

C.会计。包括会计原则、结果、资产负债、现金流和拨款账户情况。

D.批准。签署年度报告。

E.附件。包括备注、收入来源、收费、财产转移、投资、会计原则说明和修正说明等。年度报告由机构起草，经负责部门批准后提交给议会并公布。

（3）丹麦预算绩效管理改革经验对我国的启示

在丹麦绩效预算改革的过程中，以政策评估作为工具推动本国绩效提升的做法十分值得学习。作为一个十分重视生态环境保护的北欧国家，丹麦环境政策评估框架的设计成为各国借鉴的典范。2004年，丹麦制定了

《策略性环境评估法例》（The Act on Environment Assessment of plans and Programmes），通过对环境有显著影响的计划和活动，实施环境政策评估。更为重要的是，政策策略性环境评估的法律框架由《丹麦首相办公室通告》（Prime minister's Office Circulars）具体明确。由此，丹麦的策略性环境评估系统既拥有政策层面的支持，又有具体的计划和活动层面的保障。在相对完善的立法框架支持下，丹麦的环境政策评估得到了广泛的政治支持，也取得了良好的实施效果。随着公共产品和服务种类的增加，政策增量持续加大，政策风险也不断提升。

我国现阶段政策绩效评价积累了一定的实践经验，但评价制度尚不规范，评价指标、评价程序、评价结果等缺乏规范性，尤其是政策评价活动的开展尚缺乏相关法律法规的支撑。尽管《关于全面实施预算绩效管理的意见》（中发〔2018〕34号文）指出了开展重大政策绩效评价的重要性，但由于缺少专门法规的指导，我国政策绩效评价试点工作虽然开展多年，但成效相对有限。因此，只有在顶层制度设计上"自上而下"地理顺政策评价的体制机制问题，才能突破"瓶颈"，进一步释放政策绩效评价的潜在效力。

5.日本预算绩效管理现状

（1）组织架构

日本中央政府的绩效管理职能机构主要有两类，分别是总务省和各府省。总务省负责评价跨部门的政策，各府省自评本部门的政策。总务省主要的职能是评价政府的绩效，部门内部还有评价局以及独立的评价委员会。其中，行政评价局承担总务省在政策评价方面的职能，在日本的政府绩效评价实践中发挥着中枢和核心的作用。在社会上挑选拥有社会知名度和相关专家学者，共同组成独立行政法人评价委员会，是设置在总务省的审议会，它的主要职能是：对行政评价局政策评价的重要事项调查审议，分析评价委员会给出的评价建议，总务省会在各区域设置行政评价局。评价局还会配备下属的评价事务所，这些机构会受到总务省的领导。各府省依法建立相应的政策评价组织领导机制，制订政策评价的基本方针，撰写评价报告，提交给总务省，接受监督检查并向公众公布，各府省的评价结果运用在政策和预算编制之中。

（2）管理体系

①评价方法。常见的评价方式主要有以下几种，分别为业绩评价、综合评价以及事业评价，政府部门会评价当地的政策特点，然后选择合适的方式落到实处。事业评价方式的评价对象是政策体系中基础层次的行政事务和公共事业，事前阶段评价，进行中期或事后阶段验证，提供有助于行政管理的信息。业绩评价方式的评价对象是政策体系中的"对策和措施"。具体方法一般采用目标管理法，以行政管理领域的"对策和措施"为对象，预先设定完成目标，定期监测其业绩，评价完成程度，目的是提供评价信息以便改进政策措施。综合评价方式以特定行政项目的行政工作、政策和对策措施为对象，对于特定的政策主题，从各个角度综合评价，明确政策效果并提供有助于解决问题的多种信息。

②评价准则。必要性、效率性、公平性、优先性原则是总务省评价的重要依据。

③评价指标。在设计评价指标过程中要重视成果的指标，并且要反映出真实的数据状况，这些都是构建评价指标的原则。另一方面，要重视政策措施和事业的评价对象。对于政策评价一般采用目标达成方式，运用定性描述或评语进行评价。对于措施的评价指标设计有3种方式：针对特定措施设定独立的效果指标；从事业评价的效果指标中选取有代表性的指标，将事业评价效果指标进行综合或合并计算的结果作为措施评价指标；对于事业的评价，先分解具体事业，进而使用成本指标和活动指标对更细化的事务或项目评价。

（3）日本预算绩效管理改革经验对我国的启示

预算必须回应责任，这是日本绩效预算改革推进过程中遵循的重要原则。公共产品与服务的提供绕不开复杂的委托—代理问题。这不仅是因为公共支出数额庞大、内容繁杂，还涉及公共产品和服务的成本收益等难以衡量的问题。日本政府提倡构建责任政府这一新的行政理念，所以社会的管理职能开始关注公众的问题，对公众展开回应也是政府的重要价值取向。对此，在中央层级，日本政府将中央省厅按行政目的重新进行了职能划分，并建立了吸纳社会各方人士参与的审议会，使公众能够全方位、多层次地参与政府决策；在地方层级，日本政府引入"基于政府外部视角的外部评价"方式，以具有专业知识的专家和普通公众为主体展开绩效评价，通过多层次、多渠道地拓展公众参与程度的方式，不仅充分汲取了民间智慧的力量，还对公众关心的问题做出了较好的责任回应。现阶段国内的绩效评价有自我评价以及外部评价两种方式，两种方法可以结合在一起。其中，自评主要回答绩效目标实现情况；外部评价通常由财政部门组织并委托第三方中介实施，对预算的准确性、绩效目标的合理性、相关制度的合理性以及管理过程中存在的问题进行阐述，进而督促政府部门责任的履行。需要引起注意的是，无论是哪种评价方式，目前我国公众参与渠道都很有限，参与度也较低，这是后续需要进一步改进的地方。

（二）国内预算绩效管理现状分析

自预算绩效管理的概念提出以来，预算绩效管理在实践中得到了进一步的发展和完善，逐步形成了有中国特色的预算绩效管理体系，并不断积累经验，逐步向前推进，取得了积极的进展。随着我国公共财政框架逐步建设完成，预算绩效管理也开始逐步产生，目前国内的预算管理改革主要有以下两个阶段。

1.预算绩效管理的探索（2017年之前）

20世纪90年代后期，我国逐渐重视对项目验收、项目考核等工作，1998年起就建立了完整的财政投资评审体系，这是推行预算绩效评价的切入点和开端。2000年，湖北省选择了5个行政事业单位进行预算支出绩效评价试点，开始了绩效评价的最早探索。2002年，财政部印发的《中央本级项目支出预算管理办法（试行）》，明确规定要对财政预算安排的项目的实施过程及完成结果进行绩效考评。2003年，摸索出了项目支出绩效评价试点的路子，为下一步开展绩效评价工作找到了切入点。同年，党的十六届三中全会明确提出"建立预算绩效评价体系"的要求，以此为重要起点，财政部开始加强绩效评价试点工作。另外，财政部先后印发《中央级教科文部门绩效考评管理办法》《中央级行政经费项目支出绩效考评管理办法（试行）》《中央政府投资项目预算绩效评价管理办法》《财政扶贫资金绩效考评试行办法》等，并先后选择了教育、科技、农业等领域的项目进行绩效考评试点。2005 年，我国制定了《中央部门预算支出绩效考评管理办法（试行）》，着手对中央部门绩效评价试点工作进行引领和规范；2007 年，继续选择教育部等 6 部门进行绩效评价试点；2008 年，绩效评价试点的项目已达 108 个，财政部在中央部门开展绩效评价试点工作的基础上，印发了《财政支出绩效评价管理暂行办法》，加强对地方财政部门的绩效评价工作的指导。至此，以项目为主要内容的绩效评价试点工作在中央和地方逐步开展起来。

在实践环节绩效评价试点工作也有了一定的进展，但是随着工作深入推进，同样出现了瓶颈问题。比如在事后评价上会出现无法与预算管理结合的现象，我国财政部在 2011 年召开了首次全国预算绩效管理会议，在会议上对全过程预算绩效管理的理念进行了阐述，并且财政部公布了《关于推进预算绩效管理的指导建议》，要求要实施完善的预算编制管理目标，对预算执行的状况进行监控，完善现有的评价以及结果反馈，重视反馈结果的应用，这种全过程的预算绩效管理模式，意味着我国的预算绩效管理理念相对成熟。在这一时期预算绩效的评价工作逐步地拓展开来，重点关注绩效评价工作的发展，所以评价工作由简单的评价逐步上升为管理工作内容，全过程预算管理绩效的理念由此提出，这些作为后期预算管理的发展重点。

2.预算绩效管理发展的新时期（2017～2019年）

2017年10月，党的十九大报告中明确提出"建立全面规范透明、标准科学、约束有力的预算制度，全面实施绩效管理"，将绩效管理作为加强现代预算管理制度和现代财政制度建设、推动国家治理体系和治理能力现代化的一项重要举措，具有重大的现实意义。2018年7月6日，中央全面深化改革委员会第三次会议指出，全面实施预算绩效管理是政府治理方式的深刻变革。要牢固树立正确政绩观，创新预算管理方式，突出绩效导向，落实主体责任，通过全方位、全过程、全覆盖实施预算绩效管理，实现预算和绩效管理一体化，着力提高财政资源配置效率和使用效益。2018年9月1日，中共中央国务院发布《关于全面实施预算绩效管理的意见》指出，力争3～5年时间基本建成全方位、全过程、全覆盖的预算绩效管理体系，实现预算和绩效管理一体化。这一阶段的主要特征是：通过全方位、全过程、全覆盖实施预算绩效管理，实现预算和绩效管理一体化，为预算绩效管理明确了发展的方向、路径，并提供了根本性的制度保障。2019年，财政部印发的《2019年预算绩效管理重点工作任务》，围绕全方位、全过程、全覆盖实施预算绩效管理，明确了2019～2020年计划修订或出台的预算绩效管理制度清单。随后，《中央部门预算绩效运行监控管理暂行办法》等文件陆续出台[①]。

在国内的预算绩效管理上，我国构建出了多主体共同参与的管理模式。我国预算绩效管理由多主体参与，包括财政部、预算主管部门、预算单位、

---

① 中国发展研究基金会编.全面预算绩效管理读本［M］北京：中国发展出版社，2020.

人大和第三方等，此外，监察、审计等部门也通过监督、绩效审计等方式越来越多地参与到预算绩效管理工作中来。其中，财政部作为预算绩效管理的监督指导部门，主要负责制订预算绩效管理工作要求，审核中央预算部门（单位）报送的绩效目标并安排部门预算支出，组织开展预算支出绩效评价工作等。主管部门会提前制定出预算支出的绩效，目标审核单位会根据绩效目标开展各项绩效管理的工作。预算单位负责编报本单位预算支出绩效目标，配合财政和主管部门开展各项预算绩效管理活动，按要求实施部门预算支出绩效自我评价等。人大、监察、审计等部门对绩效结果展开监察并实施问责，合力推动工作机制完善，共同推进绩效管理工作的全面落实。其中，各级人大作为预算绩效管理的重要外部监督主体，是全面实施预算绩效管理中不可分割的一部分，肩负着预算审批、绩效监督的重要职责。《中共中央国务院关于全面实施预算绩效管理的意见》指出，各级财政部门要推进绩效信息公开，重要绩效目标、绩效评价结果要与预决算草案同步报送同级人大、同步向社会主动公开，搭建社会公众参与绩效管理的途径和平台，自觉接受人大和社会各界监督。第三方（包括机构及专家）主要协助绩效管理体系及机制设计，如指标库、标准库建设，实施重大项目、政策绩效评价等。

在绩效信息公开方面，政府不断地提升公开力度。根据 2019 年的数据表明，财政部对外公布了 46 个重点项目以及中央向地方政府的专项转移支付目标，同时还有绩效评价报告 30 多个，这些评价的结果已经提交给全国人大常委会参阅或者审议。在这些项目中有众多中央级的重点项目绩效目标以及评价报告，最终的决算也会对外公开。

　　针对中央部门预算绩效管理积极性普遍不高的情况，财政部积极引入激励约束机制，并且把绩效评价工作的结果当作是预算安排的依据，出台了对应的文件以后，财政部门开始完善责任约束机制，责任的主体是中央部门以及各单位，这些主体在预算绩效管理上具备对应的责任，在重大项目领域采取了责任人终身责任追究试点制度，与此同时加强绩效管理监督问责，财政部门在积极推进绩效信息公开的同时，也将绩效目标评价结果和预决算草案同时提交给人大。

第三章 高校预算绩效管理工作探索

高校的职责是培养优秀人才，这是时代赋予高校的重要责任，所以学校内部的管理水平也会对教育发展带来深远的影响。有效的内部管理可以提升人才培养的质量，在高校内部采取预算绩效管理的模式，为学校节约管理成本，提升综合效益，同时这也是政府部门提出的要求，高校想要实现长远的发展，必然要重视预算绩效的管理内容，现阶段我国高校在预算绩效管理方面仍然有所欠缺，存在较多的问题，国内出台的法律法规仍然有待完善，所以高校预算绩效管理也受到阻碍。利用高校预算绩效管理体系促进高校的内部管理，也是社会各界关注的重点问题。

第一节 新预算制度下高校预算绩效管理改革研究

随着时代的变化，我国的《预算法案》也有了调整，政府推出了新预算法案，同时也配套出台了相关的实施条例，这些内容作为高校预算绩效管理的实践方向。在新的阶段强化高校的预算绩效管理工作，是推动高校事业发展的重要步骤。

我国陆续推出了新的《预算法》以及具体的实施条例，意味着在预算绩效管理方面也进行有效的改革，高校预算绩效管理工作在这种背景下也有了新的变化。目前很多高校面临着收支压力的矛盾，所以学校实施全面的预算绩效管理工作，对教育资源实现优化配置，提升学校的资金使用效率。

一、新预算制度对高校预算绩效管理的实践改革指导

推出了新的预算制度以后，对于预算绩效管理有了更加详细的规定，在高校预算绩效管理方面也提供了实践依据；同时，作为重要的法律指导。高校对预算制度展开分析，对国家层面上出台的各项制度也作出细化研究，与高校的预算管理制度融合，在大的层面上遵循国家政策的要求，高校出台的各项管理制度要符合国家政策的引导，开展归纳总结活动，分析新预算制度的指导作用，比如前期的评估、对目标进行管理、运行监控、绩效评价以及结果应用等方面。

二、高校预算绩效管理存在的问题分析

（一）预算绩效制度建设不健全

大多数高校制定的预算绩效管理目标并没有集中起来，而是分散到多个制度当中，比如高校推出的预算制度、预结算审计制度、财政资金支出管理制度，以上制度虽然提到了绩效管理的内容，但并没有形成系统化，高校预

算绩效管理的制度仍未有效地展现出来。在预算绩效管理的评价主体、管理流程、目标设置以及指标体系等方面，并没有作出详细描述，由此可见绩效制度出现了碎片化的问题，所以影响了高校的预算绩效管理工作。大多数情况下，绩效管理工作内容没有形成常态化，只是被动接受上级部门的管理，上级部门分配了绩效任务以后，高校才会负责实施。

（二）事前绩效评估管理缺乏

高校采取的预算管理缺乏前瞻性，在项目的申报立项和调整等方面没有与高校的战略目标进行结合，同时也忽略了高校长期发展规划。这些问题导致战略目标与实际需求脱节，所以事前绩效评估管理工作就无法有效地落实到位，由于这一环节的缺失导致项目的可行性、必要性无法充分地论证，所以就会引发预算管理的短期行为，在后续的使用资金期间也会影响资金的执行进度。挑选项目库时存在主观性、随意性的问题，在项目预算设计方面缺少准确科学的研究，在后期导致了资金紧缺问题，同时也会出现项目重复建设的问题。在成本核算方面，原定的绩效预算分配法、定额预算法等没有执行到位，所以影响了预算绩效的主导作用。

（三）预算绩效目标制定不合理

院校的职能在不断的变化，内部的机构也更加复杂，有众多的资金来源为高校发展带来资金的扶持，所以预算绩效管理非常重要，现阶段的管理还存在以下几个方面的问题：首先，学校整体和部门内部存在着信息不对称的问题，在目标的设置上无法保持协同，因此制定出的绩效目标就难以完成协调。其次，从绩效目标的合理性角度来看，学校没有制定出统一的指标体系，影响了绩效目标的考核。最后，制定出的绩效目标没有约束力。高校各部门在预算资金使用方面没有进行全局性的论证，导致绩效目标非常笼统。

（四）预算绩效监控不到位

预算管理的方式随着时代的发展也有了调整，特别是在预算执行方面有众多内容作出改变。有很多资金没有被充分利用起来，到了年底却被突击使用，这些问题表明了预算的绩效缺少运行的监控。利用运行监控的目的是为了确保资金的合理使用，提升监督的作用，就必须要对预算的执行状况进行监督以及检查，使用合理的分析方式，确保预算资金能够被正确使用，让项目在执行过程中达到应有的效果。然而在实际上高校执行预算方面缺少完善的监督体系，具体有以下几种问题：首先，在监督方式上比较匮乏，没有拿出合理的监督措施，因此高校的项目绩效管理往往会偏离目标。其次，高校没有认识到信息化平台的重要性，所以没有挖掘出平台的潜力，缺少动态化的监管，只是对核算系统进行监控，这样就影响了监控的反馈效率，对于预算的执行状况以及项目的实施进度缺少了解。

（五）预算绩效评价不科学

对预算绩效评价通常会参考评价结果，将结果作为重要的导向，在资金使用的每一个环节都有必要展开分析和研究，只有这样才能够让资源得到优化配置，高校的预算绩效评价主要存在以下几个方面的问题：首先，学校只关注财政项目以及专项的评价内容，没有从整体角度对学校的支出进行评价，现有的评价内容存在缺失，没有充分地利用预算绩效评价的作用。其次，绩效评价范围较小，高校在绩效的评价上没有关注事前、事中评价，大多数采取的是事后评价。最后，在绩效评价管理的指标上，没有采取科学合理的评价标准，所以评价方式非常单调，各项绩效评价指标主要集中在投入以及产出等方面，这样的绩效评价指标并不完善，缺少客观性、合理性。

（六）预算绩效管理结果运用不充分

新出台的预算制度对于绩效的评价结果应用也有相应的叙述，在资金安排预算编制项目库建设方面，要求实施动态循环的管理，重点强调了评价结果的应用。在实践环节，大多数高校并未形成合理的绩效评价结果和反馈追踪制度，所以评价结果并未有效地落到实处，这就导致绩效评价没有产生导向作用。同时预算绩效结果不能有效地披露，披露的内容只有少部分金额，并且配备的说明非常简陋，这些都影响了公众监督的效果。

三、新预算制度下高校预算绩效管理的措施

（一）重视事前绩效评估管理

绩效评估管理有众多方式，比如事前绩效评估做出合理的预判，这也是新预算制度的管理要求，在预算决策的改革方面发挥了重要价值。提出了事

前绩效评估管理方式，可以完善现有的高校预算项目库，在实施评估过程中要将参考绩效作为导向，并且重视成本控制，将成本把控作为高效发展规划的主要内容，在此期间可以使用成本效益分析法、对比分析法等对项目的投入产出效果进行重点评估，产生的结果必须要录入项目库，同时在预算安排上也要参考评估的结果，这样才能够实现精细化的管理。

（二）重视绩效目标管理

预算绩效目标管理的规范性、有效性和科学性直接影响高校预算绩效管理的成效，其关键是构建科学的绩效目标指标体系。高校预算绩效目标指标的选取可以从产出、效益、满意度这三个维度进行细化，参照筛选当前财政部门常用的细化指标，产出多维度的细化指标，主要为质量、数量、成本、时效等指标；效益维度的细化指标主要为社会效益、经济效益、可持续影响、生态效益等指标；满意度的细化指标则主要为服务对象满意度。

第二节 高校全面实施预算绩效管理的挑战与对策

现阶段，我国各高校财务管理的主要任务是全面开展预算绩效管理工作，对其要求是既要优化资源配置，又要提高各项资金使用绩效。全面实施预算绩效管理是各高校现阶段提升学校治理能力和治理水平，提高高等教育质量的必然要求。参考国内法律法规的内容，对高校实施预算管理的重要性研究，针对高校预算绩效管理实施中存在的问题，结合实际情况，给出具体的解决方案，同时采取全面预算绩效管理的理念，严格落实国家出台的政策法规，有效地提升高校的管理能力。

2018 年，中共中央、国务院发布《关于全面实施预算绩效管理的意见》（以下简称《意见》），2019 年 1 月，财政部发布了《2019 年预算绩效管理重点工作任务》。2019 年年底，教育部出台《教育部关于全面实施预算绩效管理的意见》，要求所有部门都必须建立专门的预算绩效管理领导团队，顺应战略要求，全面开展预算绩效管理工作，并要求各单位于 2020 年 8 月底前出台本单位贯彻落实全面实施预算绩效管理的相关文件。高校作为重要的行政事业单位，应当响应国家财政改革的战略要求，全面开展预算绩效管理工作，这不仅是缓解当前我国高校资源紧张的有效举措，也是现阶段提升学校治理能力和治理水平，提高高等教育质量的必然要求。

一、高校全面实施预算绩效管理的必然性

（一）国家法律法规的要求

实施全面预算绩效管理可以对社会资源展开优化配置，让资金得到最大价值的使用。在 2015 年我国推出的新版《预算法》当中，重点提出了"绩效"，要求在预算绩效管理上把绩效管理作为预算活动的核心。这是第一次以法律的形式明确规定要将绩效的理念和要求融入财政预算收支管理中，将二者有机地联系起来。

从法律层面上保障了预算绩效管理工作的正常实施，同时推动了我国预算模式的转变。《意见》发布后，各地区、各部门积极响应，并发布了相关的实施文件，不仅为我国全面实施预算绩效管理提供了指导，还使预算绩效管理在全国受到高度重视。应用全面预算绩效管理的模式，可以让政府提升综合治理能力。当前，我国的经济发展呈现稳定增长趋势，高校应当在科研技术、教育事业以及社会公共服务等各方面都发挥领头羊作用，不断深化改革，加强体制建设，不断创新，让高校预算绩效管理工作变得更"高效"。

（二）高校面临的内外部环境

根据 2012 年数据显示，我国在教育经费支出方面财政性支出达到了 4% 的比例，并且连续 8 年都维持在 4% 以上。此外，2019 年，我国教育经费总投入首次超过 5 万亿元，这不仅充分体现了国家对教育事业的重视，以及在提升我国教育质量、推动我国教育结构改革等方面做出的巨大努力，也说明了我国教育事业正处于快速发展过程中。随着我国经济取得了良好的发展成就，财政部门面临的压力变得更大，所以要更加注重对资金的使用，提升资金的使用效率，减少浪费行为。重视预算绩效管理的工作，在部门内部实施严格的管理和控制，提升资金使用的透明度，强化资金的监管，以上内容都是预算管理的重要部分。

一方面，我国对教育领域投入了巨额的资金，并且年年都在上升，但另一方面，高校却不断出现收支矛盾。从高校的公开信息中，分析 2015 年至 2019 年连续 5 年高校的收支决算数据，每年收支不平衡，特别是支出远大于收入的高校数量逐渐增加。社会各界正在重视教育的发展，尤其是高等教育事业始终是国家关注的重点。在这样的向好大环境下，我国高校不负所望，不断进步与提升，而各高校之间的竞争也愈演愈烈。因此，要想在激烈竞争中站稳脚跟，高校必须把握国内外形势，采取各种举措来加快学校的发展。国内许多高等院校不断增加对"双一流"建设、一流本科教育等重点项目的投入来提升其发展的质量。这可能是导致高校收支矛盾的主要原因。

2020 年，国内外形势尤其严峻，我国经济发展承受着巨大的压力。高校的财政拨款被压减，自筹收入增长乏力，资金缺口加大。在全社会大力提倡"过紧日子"的背景下，高校必须改变以往的"铺大摊子"或"撒胡椒面"的经费投入模式，而是要加强预算绩效管理，压减不必要、非刚性的一般性支出，对资金进行合理的分配，效率低下的资金要撤销，将资金投入到急需发展的领域。

高校开展预算绩效管理工作，能够对高校资源进行宏观调控，便于优化资源配置，提高资源的使用效益，减少资源的闲置与浪费。为了更好地实施预算绩效管理工作，高校应基于自身实际情况，建立一套预算绩效管理体系。这套体系应针对预算绩效管理全过程：首先要确定绩效目标；其次根据目标编制预算；然后在预算的执行过程中要全程监控；最后在预算执行结束后要及时评价并反馈。这套体系要将整个过程进行规范，细化到各个环节，为高校的长远发展提供保障。

二、高校实施预算绩效管理存在的问题

（一）尚未确立预算绩效管理的理念

为响应党中央、国务院和教育部的重要部署，我国许多高校都在积极开展预算绩效管理工作，但是由于缺乏理念指导和成熟的体系，当前还处在探索阶段。高校的非营利性质使其存在重视投入支出而不注重管理和绩效考核的问题，缺乏对预算绩效管理的认识，还没有树立起良好的预算绩效管理理念。虽然国家已多次提出要强化绩效评价结果的应用，将绩效评价结果与高等教育资源的配置挂钩，但实际上并未在高校的财政拨款中明显体现出来。因此，高校普遍对绩效管理的外部压力不敏感。高校管理层一般更关注直接决定学校发展的建设方向；二级学院更多考虑自身的建设需求，几乎不会考虑学校的财力；职能部门认为预算绩效管理是财务部门的工作，与自身无关；财务部门有时也只是把预算绩效管理当作一项任务，机械地按照要求进行绩效指标的简单设置，年度结束后也只是常规性地完成绩效自评。

（二）预算绩效体制机制尚未完全建立

预算绩效管理不是学校内部一个机构或者简单的一个制度就能完美实现的事，需要在建立了总体实施方案或基本制度的基础上，建立一套完善的、涉及预算绩效管理的事前、事中、事后的一系列配套制度。当前，我国高校的预算绩效管理大多处于起步阶段，并且每个高校的校情都不一样，没有现

成的模式可以套用，需要专门的机构、专业的人员深入研究和思考。教育部要求高校在 2020 年 8 月底之前出台本单位的预算绩效管理文件或方案，学校财务部门虽积极推动预算绩效工作的开展，但实际上，高校总体并未将预算绩效管理提到相应的高度予以重视，只是力争赶在时间节点前完成制度建设的基本要求，并没有成立专门的机构或安排专职人员开展此项工作，多数是在原来的机构设置框架下将这项任务派至财务部门的某个业务科室。[①]

（三）绩效指标不成体系

1.我国的预算绩效管理工作仍然在不断的探索当中，并没有达成统一的标准。教育行业紧跟国家步伐进行预算绩效管理实施工作，还未出台相应的行业管理标准。由于缺乏统一的行业标准，各高校在建立预算绩效管理体系时，几乎都是自行摸索绩效指标的制订依据。许多高校还结合了各部门提供的未统一标准的绩效指标，并以此为基础建立了绩效指标体系。然而，这种选择存在许多问题，比如高校各部门提供的绩效指标是否具有参考价值，以及将这些指标沿用于高校绩效指标体系建设是否科学合理，能否反映出高校的实际情况等。

2.高校制订绩效指标通常是为了评估和衡量各业务部门及职工对绩效目标的完成情况。而衡量完成得好与不好，往往需要量化，量化的结果就是设定具体的绩效指标值。这也是高校制订绩效指标体系时非常重要也非常困难

---

① 俞奕奇.高校全面实施预算绩效管理重难点问题研究［J］，行政事业资产与财务，2020（11）：28-29.

的地方。在不同地区高校的状况也有较多的差异性，所以对于绩效指标的设定也要作出相应调整，这就使得绩效指标值的设定缺乏可比性。另外，需要看到的是，由绩效指标值的高低来判断高校各部门的业绩完成情况也缺乏客观性和合理性。

（四）绩效评价的范围难以全覆盖

预算绩效评价要求全方位、全过程、全覆盖。然而，目前大多数高校只针对特定的项目或重要的项目进行绩效评价，没有开展全面的绩效评价工作，存在绩效评价的质量水平参差不齐、评价结果得不到有效应用、不积极进行绩效评价管理工作等问题。结合高校开展预算绩效评价工作的实际情况，不难看出，如果高校仅针对某一项目实施预算绩效管理工作，得到的效果会比较理想，但如果对整个高校进行预算绩效管理，就会难以推进，效果就难以保证，因为其中会产生大量成本。因此，高校普遍倾向于针对项目实施预算绩效管理，这也是高校整体预算绩效管理经验较少的原因之一。至于整体绩效评价如何开展、指标如何设定，还未形成完整的体系规范，距离全面实施预算绩效管理的要求还有较大差距。

（五）绩效评价模式单一且质量不高

近几年，我国大部分高校的绩效评价模式主要是各业务部门或项目实施单位进行绩效自评，这种绩效自评存在许多问题。首先，绩效自评难以保证客观，各部门自评时可能会自我美化，这是存在的最主要的问题。其次，高校绩效评价的质量水平不高，有些高校选择聘请第三方独立机构评定，以保证绩效评价结果的客观性。然而，第三方独立机构往往对高校的业务不熟悉，对项目不了解，加之缺乏相应的行业标准，很难给出有效的绩效评价报告，难以反映真实情况，使得自评的过程变得形式主义，自评的结果也就难以具有参考价值。最后，各高校的绩效评价并未向绩效目标的方向发展，因此绩效评价的质量很难提高。

（六）预算绩效评价结果的应用不切实

由于我国高校在预算绩效评价结果应用方面还处于探索阶段，在实际操作和落实的过程中，并没有真正将绩效评价结果应用到实处。许多高校并没有将绩效评价结果与奖惩挂钩，对绩效评价结果较好的部门没有奖励措施，对绩效评价结果不好的部门也没有相应的惩罚措施，难以引起各部门对绩效评价的重视，也无法提升项目实施单位在资金使用方面的责任感。加上在项目实施环节中并未设置科学、合理的绩效评估指标。因此，形成了连锁反应。另外，绩效评估结果的应用也受到很多限制。多重因素之下，预算绩效评价结果难以反映出真实、全面的情况，也就难以有针对性地进行调整和改进。

（七）预算绩效管理信息化建设较弱

实施规范化的预算绩效管理是保障信息化建设的前提，高校开始关注信息化的发展，所以将该技术应用到高校财务管理工作也是新的选择，积极推动财务信息化建设，目前，财务信息系统已基本覆盖高校财务管理各项业务，但普遍存在面对用户或处理前台业务的管理系统较为先进，而后台管理类系统相对落后的情况。部分高校对预算系统的使用有了初步探索，但整体还处于不断完善阶段，与预算绩效管理有关的信息平台建设技术更加不足，预算绩效管理与财务和项目之间也没有良好的联系机制，在学校内部财务信息和业务信息没有完成共享，所以引发了信息不对称。

三、高校实施预算绩效管理的对策

（一）充分把握预算绩效管理的内涵

在政府治理以及预算管理领域，政府在不断深化改革，在实施预算绩效管理方面也有规划。如今，全球贸易竞争和摩擦加剧，中国经济的发展面临很大的挑战与压力，未来一段时间内，财政收入的增长幅度可能会持续降低，甚至出现负增长。此时推行预算绩效管理改革非常有必要。为使资金的使用更有效益，各高校应将全面实施预算绩效管理工作纳入战略计划。这不仅要求高校具备较高的治理能力，也要求其全面把握预算绩效管理工作的内涵和实质，不断强化预算管理和绩效理念的联系，结合实际情况不断创新、优化管理方式，注重成本效益和经济效益，强化相关职位的责任和权利。

（二）自上而下提高对预算绩效管理的重视程度

从管理层面上，学校的管理人员要推动预算管理活动，这需要自上而下对预算绩效的高度重视。例如，国家下发预算绩效管理相关文件，将落实预算绩效的情况纳入学校领导述职内容，举办针对学校领导的预算绩效培训班等，通过培训活动强化预算绩效管理的意识，让学校的管理人员不断地重视绩效管理内容。相关部门要高度关注和重视高校资金运转情况，充分利用自身的监督职能对高校预算绩效管理进行全程监督。高校管理层要坚决执行国家的各项决策部署，真正把全面开展预算绩效管理的各项工作落实到位，而不是做表面文章。高校在全校范围内开展预算绩效管理相关专题知识的宣传讲座，加强全校各部门教职工对学校开展预算绩效管理工作的必要性和重要性的认识与理解。针对财务部、资金管理部门、项目实施部门等相关部门，应进行更专业的培训与指导，以此增强相关人员的预算绩效管理意识，提高相关人员的专业水平，为高校全面实施预算绩效管理提供更多人力储备。

（三）搭建预算绩效管理组织架构

高校需要建立具有明确权利和职责的专业预算绩效管理组织架构，这个组织架构应当是从全方位、多层次进行构建，并且需要细化到预算绩效管理全过程的各个具体环节。学校可以组建专项管理小组，由学校负责人选拔管理人员，组建出预算绩效的管理委员会和评估机构，这些机构和组织是学校实施预算绩效管理的保障。这些机构负责制订学校整体的预算绩效管理工作计划，然后根据整体的工作计划明确各部门的任务，对于各部门的重要决策和执行安排进行严格审批，对执行过程进行跟踪监控，同时组织开展绩效评价工作等。

（四）完善预算绩效管理制度体系

完善的制度体系是必不可少的。高校需要根据国家出台的相关政策文件，对学校的发展状况进行评估，然后制定出符合学校长远发展的预算绩效管理制度，以及学校整体和每个部门单独的实施细则，明确预算绩效管理工作的目标方向，关注实施过程中的重点和难点，使各部门的行为不会偏离目标，整体朝着同样的方向前进。预算绩效管理需要建立一套完整的制度体系，既有学校层面的统领全校绩效管理工作的总体方案或制度，又有对预算绩效管理过程中每个环节的具体实施细则和规范。调整现有的制度，确保制度的完善性，提升制度的可操作性。

（五）构建高质量的预算绩效指标体系

高校应建立多层次、多角度、科学合理的预算绩效指标体系，结合设定的绩效目标及预算执行过程设定具体的绩效指标值，并且要根据各类指标的重要程度确定对应的权重。不仅如此，还应考虑各部门的差异，不能一概而论。也就是说，某个指标在某个部门的绩效考核中占比较重，但在另外一个部门可能就没那么重要，占比也就需要相应降低。这些都需要在实施过程中动态调整、不断规范，从而使之合理化、科学化，最终形成有效的标准。在重点项目方面，财政部门要重点关注评估绩效管理的现状，主管部门也要制定出相关的参考标准，只有这样才能确保学校处于合理的发展状态，同时要细化绩效指标，体现出指标的科学性。学校的绩效管理部门可以横向、纵向对比不同高校的情况，研究制订适合自己学校的、针对不同项目或部门绩效的共性及个性指标。共性的指标是统一的、标准化的，适用于对学校所有部门、项目进行考核；个性指标则是根据每个部门、每个项目的个性化特点来确定，由此实现更契合实际的绩效考核。绩效指标还需要根据预算执行情况、学校发展建设实际情况进行动态、合理的调整。

（六）积极推进绩效预算管理信息化建设

开展预算绩效管理工作要依托于预算绩效管理信息系统。大数据时代，能够快速获取准确的信息十分重要。学校应积极推进预算绩效管理信息化建设，构建学校内部的信息共享平台，打破部门之间的信息壁垒，减少信息不对称带来的成本。信息管理平台将预算绩效管理工作的相关部门，如财务、发展规划、项目管理、资金使用等部门的信息进行互联互通，将预算绩效管理的各个环节的信息整合共享，避免出现信息孤岛。各部门实现预算绩效的信息互通不仅有利于提高整个管理过程的效率，也有利于提高重大决策的科学性和准确性。

四、构建预算绩效全过程管理体系

（一）以绩效目标为引领

高校应结合自身的发展战略和发展规划，将各项工作要求细化，以任务为驱动，来确定学校整体的绩效目标，再根据各部门的实际情况，确定各部门的具体任务和目标。设置预算目标时还要考虑到高校主要以国家财政投入为资金来源这一经费特点，基于业务财务融合的原则科学合理地设置绩效总目标和各部门各业务的具体目标。高校以绩效目标为导向，编制各部门预算，不仅让业务目标能够顺利达成，也能使预算编制有据可依。对于项目绩效目标设置的合法性、合规性、合理性和科学性，学校在必要时聘请独立的第三方机构对此进行更专业、更充分的评估，并且可以将评估结果作为预算审批的重要参考。

（二）对重点项目和重大资金建立事前评估机制

高校的"双一流"建设、基本建设和部分改善办学条件项目等资金投入一般较大，应当对重点项目、重大资金建立事前评估机制，由此可以为项目的顺利进行提供一定保障，提升资金的使用效率，才能确保项目按照进度实施。许多高校的项目资金使用效率较低，甚至造成资源浪费，项目进度缓慢，这些问题的主要原因是项目立项前的评审论证不充分。高校可以聘请相关专业人士或有相关经验的第三方机构进行项目评估，项目评估结果作为项目是否立项的重要参考。除了专业人士或机构的评估，高校更需要完善学校层面对重点项目的事前评估机制，财务或发展规划部门要尽量使项目立项信息得到学校领导层面的决策商议，重点关注项目的实施是否符合学校的发展规划、学校是否有足够的财力支撑、项目是否交叉重复建设等问题。

（三）加强绩效目标中期监控

在预算执行期间，预算绩效管理部门要对项目的执行过程进行监控，时刻掌握预算绩效目标的完成情况及项目的进度走向，以便及时发现问题并快速解决问题，以此保证顺利达到预算绩效目标。相关管理人员一旦发现与预算绩效目标偏离的项目和问题，就要对问题进行深入分析，找到原因，避免再出现类似问题。对于问题较严重的项目，要暂停项目进度，避免造成更大损失。如果内外部环境发生变化，对项目的进展产生了干扰和影响，则应尽快对项目动态调整，调整方案须通过上级的审核和实时把控。

（四）提高预算绩效评价的质量

高校开展预算绩效评价能在一定程度上激发学校各部门创造业绩的积极性，消除惰性，并提升各部门的履职能力。在总体的预算绩效评价基础上，可对不同的项目开展差异化评价工作，一些重点项目和专项工作采用更加规范、客观的评价模式，如将部门绩效自评与预算绩效管理部门评价相结合，或聘请第三方机构评价。此外，还可以定期抽查一些部门的绩效自评报告，以此提高部门自我评估的客观性，从而提高高校绩效评估的质量。

（五）加强预算执行情况评价结果的有效应用

在预算绩效管理流程当中，绩效评估结果的应用非常重要，这是反馈问题并改进问题的重要手段。通过对评价结果的应用，既可以使学校资源得到优化配置，又能使资金使用效率得到提高。目前，高校尚未形成完整的预算绩效管理评价结果的应用机制，这就需要各高校不停地探索，不断地创新，找到符合学校自身实际情况的应用机制。高校可以将预算绩效评价结果作为对各项业务进行预算安排的重要依据，也将其作为对内部各教学科研单位和职能部门领导履职考核的重要内容。

分析我国高校在实施预算绩效管理方面所出现的问题，然后寻找问题产生的深层次原因，给出合理的解决建议和对策，有利于高校制订出预算绩效全过程管理的制度，并且能够推动高校预算管理工作的实施。

第三节　高校预算绩效管理框架体系设计探究

在培养人才方面高等院校功不可没，而高校的管理也是确保人才培养质量的组成部分，高校财务管理当中包括了预算管理，重视预算管理的措施，对教育资源实现优化配置，为学校提供更多的经费保障。新修订的《预算法实施条例》及政府会计准则制度等，为高校预算绩效管理工作的开展提供了依据。预算绩效管理是全面预算的重要环节，在推动高校制度改革、实现资源合理配置、实现管理目标方面起到积极作用。本节分析了高校预算绩效管理的进度，同时也给出了构建高校预算绩效管理的框架思路。

一、高校预算绩效管理的实施依据

中共中央国务院《关于全面实施预算绩效管理的意见》对全面实施预算绩效管理工作提出总要求。为贯彻这一意见，教育部在 2019 年发布了预算绩效管理实施意见（教财〔2019〕6 号），进一步明确高校实施预算绩效管理的总体要求、主要任务和保障措施，为高校建立健全全面预算绩效管理制度体系提供指导方向和具体要求。在这一背景下，为做好高校预算绩效管理工作，就需要研究对此项工作的具体实施。

二、预算绩效管理框架体系的设计要求

预算绩效管理框架体系是一项科学体系，必须要在掌握其理论的基础上进行设计。

（一）正确理解预算绩效管理和预算管理的关系

预算管理以及预算绩效管理是相互促进的关系，双方既有共同点又有区别，可以将二者作为有机的整体来看待，实施预算管理要依赖于预算绩效管理，在核心内容上双方是同样的本质。预算绩效管理理解为将绩效管理嵌入预算管理过程，通过优化模式促进预算管理和绩效管理工作有机融合，构建全面、系统的预算绩效管理体系。

（二）准确区分预算绩效管理和预算管理的职责

预算绩效管理和预算管理在职权划分方面既统一又分离。例如，基于业财融合和预算管理目标的要求，绩效编制应与预算编制工作相结合；而另一方面，从内部控制角度看，只有预算绩效管理和预算管理相分离，才能真正起到监督的作用。

（三）明确保证预算绩效管理的有效性

高校实施预算绩效管理必须要保证有效性，在此基础上构建完整的预算绩效管理体系，从而实现高校内部教育资源的科学配置，提高教育公共服务质量。此外，必须在预算管理中引入绩效目标管理、绩效评估机制、绩效监控与评价等绩效要素，确保预算绩效管理体系的科学性，形成全面、科学的框架体系。

三、高校设计预算绩效管理框架体系的建议

（一）明确高校预算绩效管理领导责任

高校在设计预算绩效管理框架时，应明确绩效管理领导责任，实现各项工作的统筹规划。其职责具体划分为：

1.负责审查预算绩效管理框架体系草案，提交校长办公会审议后由党委决议；

2.对预算绩效管理体系实施跟踪和监督，了解落实情况；

3.负责编制学校各个阶段的绩效目标，包括高校年度绩效目标，并将其提交给高校负责人；

4.根据编制的高校长期、中期、短期绩效目标，规划分阶段的落实计划，并分解落实。

（二）建立高校全面预算绩效管理框架体系

1.确定高校预算绩效管理目标

设置科学合理的预算绩效管理目标是构建高校全面预算管理绩效体系的重要前提。在目标的设定上必须要将整体目标，政策目标以及单个目标综合起来。其中整体绩效目标分为业务管理绩效目标和综合管理绩效目标。

（1）在制订整体目标时，高校应以战略发展规划为基础，制订出符合高校发展的预算绩效目标，并且分解这一整体目标，形成具体的年度目标。在执行期间要考虑到实际完成状况，实施动态调整，确保项目可以按照计划实施。

（2）在中长期年度预算绩效目标的设置时，还需要由高校管理层和财务部门共同商议，以确保预算绩效目标的科学合理。

（3）高校预算编制部门设置包含业务管理绩效目标和综合管理绩效目标在内的整体绩效目标后，需要由相关负责人分解目标后落实到相关部门，再由相关负责人根据部门绩效目标进行划分后落实到每位教职工。而综合管理绩效目标的确定应以配合业务管理工作为前提，可直接由预算管理部门将预算下发给各预算使用部门，由各部门进行设置。

（4）主要是项目层面的绩效目标。这一环节的绩效目标需要根据业务绩效目标和预算编制进行设置，预算部门将项目绩效目标汇总纳入预算并进行审核后编制预算方案。

2. 完善高校预算绩效管理内容

要构建高校预算绩效管理体系，必须要考虑以下内容：

（1）内部控制

这是高校预算绩效管理框架体系的重要组成部分，具体包括政策制定和执行。在政策制定环节，应围绕预算绩效管理目标不断完善预算决策、预算编制、预算执行和预算评价指标体系；在政策执行环节，要综合考量预算绩效管理目标落实的效果。

（2）预算流程

预算管理的流程当中也要包括预算工作的每一个环节，这些都可以当作是绩效管理的一部分，加强对政策执行的评价与分析，保证各个环节既相互关联又相互统一，以确保高校整体预算绩效目标的顺利实现。

（3）全面预算

预算绩效管理与预算管理有着紧密联系，同时也都属于高校财务管理的重要内容，与财务管理工作关系密切，特别是收支环节。这就需要从全面预算的角度出发构建多维度的预算绩效管理框架体系。

（4）从部门协作角度考虑，应根据分级负责、责任到人的原则，按照归口部门对高校预算绩效管理目标进行细化设置，加强部门之间的沟通交流，提高预算执行效率，为各项工作的开展夯实基础。

3.高校预算绩效管理体系设计流程

高校预算绩效管理流程是为实现预算绩效管理目标而在工作开展过程中进行的动态化、递进式的管理。具体分为以下几个阶段。

（1）预算编制阶段

在预算编制环节，高校应牢固树立业财融合的绩效管理理念，持续推进预算管理和绩效管理一体化。预算编制部门应依据业务管理绩效目标，确定项目管理绩效目标及其指标体系。同时，根据业务管理绩效目标设置综合管理绩效目标及其指标体系，综合管理预算工作为业务管理服务。

（2）预算执行阶段

在该阶段，绩效管理应围绕既定的预算绩效管理指标，按照全过程预算绩效管理链条加强预算执行。结合绩效指标体系，采用多种分析方法，健全绩效评估机制，从目标实现情况和预算执行情况两方面进行监控，确保预算绩效管理的客观性和有效性。

（3）绩效监控与评价阶段

绩效监控与评价可以使绩效管理工作的执行结果更加客观，从而及时发现问题，找出对策，优化工作内容和流程，保证预算绩效管理工作的顺利开展。要制订出资金使用的绩效评价体系，督促资金使用部门进行自我绩效评价；业务管理部门的整体绩效评价和重大项目绩效评价，邀请第三方机构绩效监控与评价。首先，资金使用部门应从成本和效益方面围绕业务开展情况进行自我绩效评价；其次，业务管理部门应结合预算绩效管理目标整体综合评价，对于发现的问题，还需要监督下级部门进行优化和控制，并将实际情况向上级管理部门报告；最后，为了实现预算绩效和评价的科学性，高校还应该建立第三方绩效评价机构，即内部纪委监察和审计部门等，对预算绩效管理工作进行科学的审计监督和评价，从而及时发现问题并予以解决。

（三）高校预算绩效管理体系的实施

建立全面预算绩效管理体系，为高校全面实施预算绩效管理提供重要保证，在此基础上还需要重视业务管理、监督问责以及工作考核等内容。首先，高校在业务管理工作中应根据绩效评价结果对具体业务进行内容完善和流程优化，从而保证绩效评价结果与预算安排和政策调整相适应。其次，要做好绩效评价反馈工作，落实绩效整改责任机制，加强往年预算绩效管理评价结果应用，不断修正预算绩效管理指标体系，为后期制定绩效目标和预算安排提供依据。最后，为确保预算绩效管理工作高质量开展，在工作考核方面应引入激励机制，将预算绩效评价结果与考核制度、用人制度、薪酬制度等相结合，强化预算绩效评价结果的刚性约束作用，从而充分体现预算绩效管理的目标要求。

预算以及绩效管理是高校预算绩效管理框架的组成部分，双方要实现有机的整合。在政策层面上要参考教育部门公布的管理实施办法，然后对绩效管理的设计需求进行分析，构建出完善的体系，并且确保内容的科学性，在后期也要实施动态的调整，确保高校的全面预算管理绩效体系能够发挥出作用。通过完善和落实预算绩效管理保障措施，激发教职工的创新意识和主体能动性，共同为高校改革作出贡献，实现资源的优化配置；同时，也让学校的治理能力获得提升。

第四节　对高校全面推进实施预算绩效管理的思考

国内的高等教育正处于改革阶段，学校重视科研能力的同时，也在逐步地提升社会服务水平，在文化传承上也起到了重要的作用。在这种背景下，公共服务意识逐步觉醒，学校同样要履行公共服务的职能，所以高校要重视内部建设，从管理质量角度开始提升内部的管理效能。实施全面的预算绩效管理制度，可以解决高校的预算绩效管理问题，以此作为切入点，整体提升社会的公共服务质量，带动资金的使用效率。从政府的角度来看，也可以提升政府的公信力以及执行力。

一、高校全面实施预算绩效管理的必要性

推动国家治理能力的提升，从预算绩效管理入手，我国提出了《全面实施预算绩效管理的意见》，在这份文件当中要求财政资源的配置效率必须要进一步的增长。为了达到这一目标，我国计划在 5 年内实施改革措施，构建出全方位的预算绩效管理制度。高等院校在这一阶段也要与财政改革相结合，对工作方式进行创新。分析高校预算绩效管理的问题，实施全面性的预算绩效管理模式，才能真正地提升高等院校的教育质量。

（一）健全财务管理体系需要将全面实施预算绩效管理作为支撑

在我国的财政改革方面全面实施预算绩效管理可以起到改革的作用，并且在财务管理改革方面，占据了重要的位置，绩效管理是预算管理的主要内容，应用这种管理改革可以完善预算管理的制度，实现规范性的发展[①]。

（二）采用全面预算绩效管理，可以对学校的资源进行配置

根据全过程预算管理的要求在预算编制之前就要确立好绩效的目标，在执行过程中也要做好监控预算，完成以后同样要对绩效展开评价，最终的评价结果也要反馈给项目负责人。项目负责人可以根据反馈的状况对后期的预算进行调整和优化，通过绩效评价结果的运用可以节约资金，让各项支出经费变得更加合理，这些措施是确保高校长远发展的重要保障。

（三）提升社会公信力也需要通过实施全面预算绩效管理来实现

我国的经济发展不断取得进步，学校在履行社会公共服务职能方面，也应发挥出应有的作用。提升学校的建设水平，实施全面绩效管理，让社会公众了解高校的业务开展状况，提升了满意度以后，也间接地带动责任政府的建设进度。

---

① 　马海涛，曹堂哲，王红梅.预算绩效管理理论与实践［M］.北京：中国财政经济出版社，2020.

二、高校现行预算绩效管理存在的突出问题

预算绩效管理正在改革，当前的改革进程也在不断提速，所取得的效果也很明显。实施预算绩效管理改革，要求把绩效管理的理念和方式方法共同组合在一起，融入到预算管理的整个流程，提升财政资源的分配效率和资金使用效率。在改革的大背景之下，高校也开始使用绩效管理的理念，同时将绩效管理和预算管理放在一处，从理念上已经完成了转变，但是在绩效管理的工作上并没有给予充分的重视，并且存在着理解偏差。这就导致无法充分地展现出管理的效益，对资源的优化配置也有所欠缺。现阶段很多高校出现了绩效管理基础薄弱、目标设置不科学、评价质量较差且覆盖率较低、预算绩效评价结果应用不充分、绩效管理信息化建设落后等问题。

（一）预算绩效管理基础工作薄弱

在预算绩效管理意识方面，一些高校意识淡薄，没有进行充分地业务培训，学校内部的绩效管理工作出现了重资金分配轻绩效管理的问题，没有重视绩效管理的理念，所以在工作上就难免出现权责不明的矛盾。部分工作人员没有具备相应的管理素质，学校内部没有构建完整的绩效管理体系，各绩效管理部门比较分散。缺少配套的绩效管理流程以及操作规范，这些问题都会影响绩效管理工作的实施。

（二）预算绩效目标设置不够科学

预算资金在固定时间内必须要达到的效率就叫作预算绩效目标，但是在设置目标时缺少主要的依据，学校往往是项目完成以后再开展事后绩效评价。预算绩效目标是绩效管理的导向，但是学校并没有制订出明确的绩效目标，这就影响了学校的绩效管理，学校虽然会制定出发展愿景，但并没有和绩效目标进行关联，对涉及的绩效指标没有进行量化和细化。选用的绩效标准没有体现科学性，所以预算资金和绩效的目标很难产生匹配。

（三）预算绩效评价质量和覆盖率不高

高等院校在实施预算绩效管理方面仍然在不断地探索，所以在实施这项工作时的心态是敷衍的。往往是上级财政部门安排工作任务，要求学校实施绩效评价。这样被动的接受，影响了学校的绩效评价动力，并且评价质量较差，没有全方位的覆盖。在绩效评价管理上，并没有主动地与学校的支出关联，其中选择的评价指标具有共通性特点，无法展现出学校的个性化发展，没有使用关键性的核心指标。在内部决策领域，一些高校很少会使用到绩效的评价成果，也没有与会计事务所进行合作。

（四）预算绩效管理信息化建设不到位

完成信息化建设是发展现代化校园的主要方向，提升信息化水平可以使用规范的技术，为学校的发展带来推动力。大多数高校会追随时代的发展，对内部实施信息系统的优化，虽然取得了一定的成就，但是信息化的平台建设和技术力度仍然不足。绩效管理以及财务管理项目管理并没有充分地结合在一起，因此学校内部和外部的信息无法进行共享，这也是阻碍预算绩效管理工作的因素。

（五）预算绩效评价结果应用不够充分

通常情况下，学校只是对内部的部门预算展开考核，重点关注预算的完成进度，没有对资金的使用效果展开考核。在部门考核奖励上也没有设置相应的奖励政策，对资金的使用也无法做出评估，对于资金使用不合理的部门也没有进行惩罚，所以绩效评价的结果没有产生约束作用。在预算安排、年度考核等领域，并没有把绩效评价结果运用起来，以上因素影响了资金使用者的责任意识。

三、高校全面实施预算绩效管理的对策

全面实施预算绩效管理可以遵循相关制度的要求，分析高校存在的问题，然后有针对性解决，高校可以强化自身的建设力度与政府和第三方机构合作，共同开展全面预算绩效管理工作。

（一）重视预算绩效管理的理念

在基础工作上，要强化预算绩效的管理，学校内部要重点进行宣传和培训，涉及预算绩效管理的相关人员要具备对应的素质，从思想层面上重视管

理。各相关人员要以绩效管理作为工作的标准，学校的各部门领导、员工以及老师、学生都要认识到绩效管理的特点，逐渐产生更多的认知，从被动状态逐步转变为主动状态，学校也要结合当前发展的特征，制定出绩效管理的制度操作流程，用规范性的标准带动预算绩效的提升，设置绩效管理的专项机构，配备拥有专业技能的人员，并且对内部实施有效的权责分工。

（二）构建出科学有效的绩效指标体系，重视目标的审核

在预算绩效管理方面，绩效指标体系建设非常重要，是最为基础的工作，也是重点领域。只有制订出合理的绩效管理目标，才能够确保绩效管理工作顺利实施，在绩效监控、目标、追踪评价等方面都要参考绩效目标的内容。高校在制订项目时就要做好目标的把控，提前做好各项指标的论证工作，与行业专家合作，邀请相关专家以及第三方机构为高校制订出统一标准化的绩效指标体系。构建出共性指标、核心指标以及科学性的指标，才能够确保高校的预算绩效管理工作顺利实施。在此基础之上也要制订出个性化指标以及特色指标，这些都是管理工作的基础。

（三）实施多层次的绩效评价体系，全面涵盖绩效评价的质量和范围

学校内部实施支出绩效评价关系到部门内部的服务品质，同时也要从整体层面上对评价内容进行分析，建立专项评价以及综合评价的体系，针对专项工作实施专项评价，对于重点的工作内容和经济指标采取重点评价的措施。结合项目的资金特征，也可以使用多样化的评价方式，组合出不同的评

价标准，根据不同的项目，单位也可以实施机构评价、自我评价以及第三方评价。在年底召开职工代表大会，选择两个项目通过投票表决的方式展开全方位的评价。

（四）快速推动绩效管理的信息化建设水平，在学校内部建设有效的预算绩效管理信息系统

学校内部要考虑到现有的发展状况，利用人工智能技术提升信息化管理的水平，分析学校的具体需求，完善信息化管理系统，利用信息化系统对业务部门、财务部门、资产部门的各项内容有效监管，在绩效目标的设置、追踪、评价管理等方面，都可以使用绩效管理信息系统来完成，同时还实现信息的共享，利用管理信息化系统还实现多个项目的连接，与财政支付系统、资产系统、财务系统等对接。各项信息可以实时地查看或者申报，在后期的决策期间就能够提升角色的合理性。

（五）完善现有的评价结果应用制度，重点突出预算绩效管理的主体职责

学校探索出更多的评价结果应用方式完善现有的评价结果应用制度。绩效评价结果和经费预算安排能够有机地组合在一起，绩效的评价结果当作是下一年度的预算安排依据。绩效评价结果表现优异的部门，优先给予保障，还可以拿出资金给予奖励；绩效评价结果较差的，在下一年度预算安排时可以适当减少项目预算，并且削减部门的支出总预算。绩效评价结果以及年度

考核同样可以结合在一起，某些项目出现严重问题的，必须要取消单位年度的考核优秀资格，在重点项目上出现经济指标较差的，取消一次年度的考核优秀资格。在评价期间如果出现失职渎职现象，必须要依法追责。发现违反资金使用规定的行为，可以交给纪监部门进行查处，并追缴违规资金。

第四章
高职院校预算管理研究

职业教育是未来重要的教育发展方向，高职教育的预算管理模式也需要随之作出调整。学校开展预算管理活动，需要对学校内部的各项管理活动作出合理的规划，并且预算活动也是开展其他管理活动的重要依据。高职院校的预算管理活动覆盖了学校的每一个场所，学校的预算管理水平也代表了财务管理的现状。因此，必须要认识到全面预算管理的作用。高职院校采取不同的管理方式能带来不同的效果，但是预算管理是高职院校的财务管理工作重点，本章也结合了常州工业职业技术学院作为主体案例研究。

第一节　高校预算管理基础理论

高职院校是我国高等教育的重要组成部分，它的发展将极大程度的推动我国教育体制的完善，如何将资金合理运用于高职院校的教育设施、基础设施、师资力量等方面，需要高职院校对经费合理筹划安排。高职院校在开展各项活动时需要花费大量的经费，而预算管理是费用支出的主要依据，合理的预算管理让学校的资金得到科学合理的分配，起到优化资源配置的作用。

一、预算管理的概念

预算管理是经济管理的组成部分，是财政管理的中心环节。预算管理的手段是计划、组织、协调、控制、评价、监督，预算管理的目标是使预算过程规范、预算资金有序高效运行。

预算管理（行政事业单位）是指政府依据法律法规对预算过程中的预算决策、资金筹集、分配、使用及绩效等进行的组织、协调和监督等活动，是财政管理的核心组成部分，也是政府对经济实施宏观调控的重要手段。整个预算过程，包括预算编制、执行和决算，都要依据国家的法律法规和方针政策对其加强组织、协调和监督，严肃财经纪律，以保证预算收支任务的完成。

高校预算管理工作包括了预算的组织、领导、协调和控制，具体的工作内容如下：（1）编制高校预算，高校财务部门会根据上一年度的预算状况，综合主管部门的经费政策以及下一年度的发展规划，制订出合理的高校预算。（2）严格管理高校的预算收支信息。高校内部会设置多个业务部门，并且会根据业务的规模配备会计管理机构和会计人员，对高校预算的制订和执行状况进行管理。

二、高职院校预算管理实质

高职院校预算管理的实质是对资源的有效筹措及分配，是高职院校经过合理的预测和决策后，对下一年度的工作计划和工作任务作出一套完整的财务预算方案，以反映日常收入与项目支出为主要内容，同时综合反映了办学规划与事业发展方向对资金的需求问题。一个学校预算管理做得全面与否，直接关系到它的教学、科研、管理是否到位，同时关系到学校基础设施、教育设施能否得到改善。目前我国的高等教育正在快速发展，但是学校数量增多总体学生人数却在减少，因此高职院校的生存空间变得更加狭窄，在这种竞争局面下，高职院校充分利用有限的资金提升资金的使用效率，完成资源优化配置，是当前阶段必须要解决的问题[①]。

三、高职院校预算管理棋式

我国高职院校财务资金主要来自国家财政投入和教育收费，在我国绝大多数高职院校属于公办地方高校，财政拨款是其主要资金来源，财政拨款采用"综合定额加专项补助"的方式。综合定额是财政部根据各学校办学基础，对不同项目不同类型的开支分别制定不同的定额标准，在合理确定公用经费和人员经费的构成比例计算而来；对于高校其他需求给予专项补助。再是教育收费，主要是学生的学费、住宿费、培训费等。

---

① 闵剑，张友棠，曾芝红.面向世界一流大学绩效管理的高校预算绩效管理体系研究［M］.武汉：武汉理工大学出版社，2019.

高职院校的预算管理模式主要包括预算编制、预算执行、预算监督、预算执行效果的绩效评估与激励机制。

（一）预算编制

包括确定定额标准、专项经费编制、预留资金编制三部分内容。

1.确定定额标准

在编制预算之前，先根据各系、部门上年经费执行情况调查统计，对各个部门的实际支出科学分类统计，然后以此为依据确定定额标准。

2.编制专项经费定额

专项经费定额一般采用零基预算法编制，通过对各部门各项业务进行重新考核，从大局出发确定每项业务重要层级，然后重新安排资金与其他资源分配的先后顺序，做到将有限的资金用在刀刃上。

3.编制预留经费

这部分经费是为了应对突发事件而准备的由院长控制使用的资金，要根据以往年度合理确定其标准。

（二）预算执行

预算执行阶段，通过制定合理的授权审批制度使用经费，防止滥用经费，提高资金使用效率，如：专项经费必须填制预算资金使用申请表，并且在预算规定的额度内，由部门提出申请报院长审批，签字后方可使用。预算中为了应对一些突发事件，需要对预算进行工作调整，一般调整选择在年终，由部门提出申请报校领导审批方可进行。

（三）预算监督

预算监督主要包括四个层面的监督。1.校财经领导小组的预算控制，主要是保证校内预算编制符合学校的办学目标及发展方向。2.各部门党组织监督，对涉及职工切身利益的预算支出监督。3.财务处动态监督，在财务报销环节，财务处应当充分审核数据的合法性、有效性、审批程序完整性、资金用途的正确性。4.审计部门监督，审计部门的监督分为事中、事后监督相结合的方式，确保预算执行的效力和效果[①]。

（四）绩效评估与激励机制

预算执行结束后要对整个学校财务执行情况进行总结分析，认真分析差额产生原因，总结经验教训，制订整改措施。学校可以根据自身情况建立一套适合的考核评估机制，对预算执行效果充分考核。另外，还可以根据考核结果对预算执行效果优秀的院系奖励，调动全校工作的积极性。

① 高建慧.新预算制度下高校预算绩效管理改革研究［J］.商业会计，2021（15）：75-77.

第二节　常州工业职业技术学院预算管理现状及问题分析

一、预算绩效管理现状

（一）已全面实施预算绩效管理指导思想、总体目标

1.全面实施预算绩效管理指导思想

我国的社会主义建设正在快速推进，当前党中央、国务院以及各级政府都在贯彻落实全面实施预算绩效管理的决策，在学校教育方面要求学校遵循制度的要求，细化工作内容，建立起完善的管理制度和机制，全面执行预算绩效管理制度。

2.全面实施预算绩效管理总体目标

逐步建立以绩效目标实现为导向，以绩效评价为手段，以结果应用为保障，以改进预算管理、优化资源配置、节约控制成本、提高教育服务质量为目的，管理科学、运转高效，覆盖所有财政资金和非财政资金，贯穿预算编制、执行、监督全过程的预算绩效管理体系。

（二）已充分认识全面实施预算绩效管理的重要意义

随着我国现代化水平的逐步提升，要求国家治理同样要具备现代化的治理能力，全面实施预算绩效管理，在这种背景下也体现出了时代的要求，建立现代化的财政制度、深化财税改革，也是预算绩效管理的组成部分，通过这些管理方式提升资源的优化配置，让教育的公共服务质量有所改观，实现现代化的教育水平。学校的预算管理部门要认识到预算绩效管理的特点，采取有力的措施，快速地推动预算绩效管理工作。

专项资金的绩效评价作为学校预算绩效管理的切入点，循序渐进地对资源进行整合，同时也要发挥学校的优势，根据实际状况，创新管理的理念，构建出发展的总体思路，这样才能够符合学校的发展状况，形成了全面预算管理体系之后，有利于提升学校的整体治理能力。

（三）明确了全面实施预算绩效管理工作的原则

1.全面推进，突出重点

实施全面的预算绩效管理措施，要包括学校的各项收支环节，研究收支预算的内容，并且作为预算绩效管理的主体部分，使用绩效管理的理念和方式方法，将预算的编制、执行、监督等流程共同作为一个管理整体。既要衡量学校整体预算绩效，又要突出重点，聚焦重大项目或专项预算资金使用效果，提高预算绩效管理的针对性和有效性。

2.科学规范，公开透明

建立科学规范、切合实际、便于实施、注重效率的预算绩效管理制度体系和工作规程，按照"真实、客观、高效、公正、公平、公开"的要求，开展预算绩效管理，做到绩效目标清晰、基础数据准确、评价指标科学、评价方法合理、评价结果依法公开。

3.强化问责，共同治理

制订约束机制以及问责机制，对表现良好的部门实施激励，对效率低下的部门实施问责，督促学校各预算部门切实承担预算绩效管理的责任，充分发挥党群与行政的相互促进作用，充分发挥纪检监察与审计部门的监督作用。

（四）已搭建落实框架，推进全面实施预算绩效管理

在预算管理方面充分利用绩效管理的理念，在预算的编制、执行、监督、信息公开等方面，使用绩效管理的理念，最终完善绩效管理的措施。充分融合了以上理念之后，在预算执行、编制、评价、结果应用方面都有对应的标准。

1.全面实施预算绩效目标管理

（1）编制绩效目标

预算绩效目标是学校使用预算财政和非财政资金计划在一定期限内达到的产出和效果。编制预算绩效目标是预算绩效管理的源头和基础，是整个预算绩效管理的核心。将预算收支全面纳入绩效管理，各预算部门在申报预算

时填报预算绩效目标，包括绩效指标和绩效标准。各预算部门在编制下一年度预算时，要根据学校中长期事业发展规划、部门年度重点工作，以预算资金管理为主线，统筹考虑资产和业务活动，编制学校整体预算绩效目标；在成本效益分析的基础上，细化测算资金需求，从数量、质量、时效、成本、效益等方面，编制项目预算绩效目标。编制的整体预算绩效目标要与部门工作职责、工作任务紧密相关，做到方向明确、具体量化、合理可行。编制的项目预算绩效目标要详细说明项目立项必要性、实施可行性、资金需求、产出效益等[①]。

（2）审核绩效目标

学校的财务部门要与专家合作，在预算制订方面确立绩效的目标并综合评审绩效目标的现状；同时，也要参考教育支出方向以及学校的发展规划。综合分析预算绩效的目标同时展开严格的审核，对于审核的目标、职能、相关性、绩效、指标科学性评价，同时也要确保目标能够满足资金使用的合理性需求。产生的评审意见可以当作是项目预算安排的依据，绩效目标如果没有符合需求，财务部门也要将信息反馈给报送部门，让执行部门调整和修改。拒不改正的可以暂缓部门预算或者暂停经费拨付。

（3）加强项目绩效管理

预算部门要强化绩效目标与项目管理的有效结合，逐步推动绩效管理关口前移，采取事前评估的模式对项目展开评估，分析项目立项的必要性以及

实施过程中的可行性，注重经济性和绩效目标的合理性考察，特别是项目的事前绩效评估非常关键，以上的评估结果将会成为预算安排的参考。

2.全面实施预算绩效跟踪管理

预算绩效管理环节绩效追踪管理的作用非常关键，实施绩效追踪管理的主体是预算部门，所以在预算执行期间预算部门要重点对预算绩效的运行状况展开追踪，对项目的实施进度、预算执行状况以及项目绩效完成度展开研究。发现追踪管理的问题以后，应对项目的绩效展开纠正和调整，确保项目可以按照预期目标运行。项目绩效表现较差或者没有绩效的，必须及时停止执行或者展开调整。财务部门要重点指导绩效的追踪，并且发挥监督的作用，对于重大资金以及重点项目实施有效的追踪，把监督的职能和追踪工作结合在一起，形成健全的工作制度。

3.全面实施预算绩效评价管理

实施预算绩效管理的重要方式为绩效评价，完成了预算执行任务之后，要对预算资金的产出以及效果展开评价，分析经济性、效益性以及满意度。

（1）项目预算绩效评价

预算部门遵循项目支出的绩效标准，展开自我评价，对省级财政专项资金安排的项目（以下简称"省级专项"），严格按要求开展年度绩效自我评价等相关工作，并选择部分项目委托第三方机构开展重点绩效评价。实施周期较长的项目，在自我评价的基础之上科学使用资金管理方式，在完成建设周期以后再开展绩效评价活动。应分析绩效评价时发现的问题，然后给出合理的解决策略，寻找项目资金的使用问题，然后再改进。

（2）整体预算绩效评价

预算部门对其履职情况、产出效益、满意度方面进行绩效自我评价，财务处汇总上报。预算部门也要采取整体预算绩效评价的方式，从整体上注重绩效管理工作，能够让资金得到合理的使用。

二、管理存在的问题

目前学校在预算管理上也取得了较好的成绩，但也有一部分问题有待解决，具体体现在以下几个方面：

（一）财务预算编制不合理

1.缺乏合理的协调与配合

现在只注重维持校内年度的收支平衡，至于长期的发展目标考虑较少。在预算中缺乏相关经验与创新的思想，还缺乏对于学校开支预算工作的研究与分析，工作人员的思想跟不上节奏，存在很大的局限性。

2.对于预算管理工作的人员安排还不够合理

虽然在人员配置调整上进行了较大改革，但是财务部门却还是维持以往的样子，并没有重新整顿，距离现在本校的管理制度要求还有很大差距。

（二）财务预算管理过程中监督不严格

财务预算管理和资金问题密不可分，所以财务预算管理必须要采取规范性、严格性的措施。开展活动过程中资金的收支应该进行严格预算与计划后方可执行。但在实际操作过程中缺乏这种观念，经费有时随意支配，合理预算意识淡薄。以致造成预算不准确，执行性不强，从而引起一系列的不良反应，预算也失去了应有的控制性作用。

财务预算管理往往只注重预算前期规划和后期的执行，却没有对执行过程展开有效的监督。监督不利很容易造成预算和执行不一致，致使执行超出预算范围，造成不好的影响。

（三）财务预算的相关制度不健全

目前还未建立合理科学的预算管理制度。虽然已有一些相关制度，但是总是随意更改，其作用大打折扣。没有相关制度的管理与制约，工作就会毫无章法，甚至各个项目的预算也难以得到正确结论。因为没有建立相应的系统监控和评价制度，所以很难精准地分析资金的使用效益，致使财务预算管理失去了应有的作用。

三、问题分析

（一）缺乏新理念，需要提高认识、完善管理

1.要提升学校高层管理者的财务预算全面管理理念，保证制度制订执行的有效性；

2.提升财务管理人员队伍的业务素质，要加强学习，积极组织培训，开阔视野，增长经验；

3.财务部门要主动与各个部门紧密联系，要增强各部门、各项目负责人的预算管理观念，提高主动配合意识。另外财务部门也要进一步完善财务预算管理制度，改变管理方式，致力于建立新模式，充分发挥财务部门的主导作用。

（二）未建立科学合理的预算管理制度

要想财务预算能有合理的预算和执行，要建立出一套科学合理的财务管理制度。遵循现有的政策法规，构建出科学有效的部门内部控制制度，才能真正地强化财务的预算管理工作。

（三）编制未优化

编制的预算机构会影响后期的预算管理效果。因此，财务部门也要制订出完善的编制体系，提升预算管理的总体水平。现阶段学校的编制尚未进行优化。在每一个环节要做好分析执行和监督，遵循管理的规章制度，并且结合学校的实际状况展开深入的探讨，使用适合的规范和标准编制学校的财务预算，对内容展开优化和调整。

（四）未加强财务预算的执行性

财务部门要严格执行预算管理的相关制度，这样才能在执行过程中增强预算的严肃性和有效性。坚决杜绝随意性执行，同时，执行的时候必须要以公开、透明为理念。

（五）未对预算的执行结果精细分析

做好合理的预算后，学校财务部门务必要对执行效果、预算结果、执行力度等相关因素作一次精细分析，对结果做出客观正确的评价。要详细记录并做成相关报告，同时找出预算执行过程中存在的问题，分析原因，对自身的不足之处要采取合理有效的措施予以弥补和解决，从而提高财务预算管理水平。财务预算工作涉及学校工作的多个方面，高职院校要调动全体人员的力量，保证各个部门紧密协调配合。要建立科学合理的管理制度，采取有效措施，才能更好地保证学校财务预算工作的良好发展。

第三节　常州工业职业技术学院预算管理优化方案设计

为加强专项资金管理，强化学校资源配置效率和主体责任，提高专项资金的使用效益，建立科学、合理的专项资金绩评价管理体系，根据《江苏省财政专项资金绩效管理办法》（苏财规〔2010〕36号）、《常州工业职业技术学院专项资金绩效评价管理暂行办法》（常工职院〔2020〕52号）等文件的规定和要求，学校组织成立了2020年专业建设专项资金绩效评价工作小组，在客观、公平、公正的前提下完成了对2020年旅游与烹饪学院专业建设专项资金的绩效评价工作，以下为评价结果汇报：

一、项目基本概况

（一）项目立项的基本情况

为顺应国家发展现代服务业和服务地方经济转型升级，旅游与烹饪学院结合常州"五大明星城市"建设和地方经济转型发展需求，整合专业资源，拓宽发展局面，经党政联席会讨论通过开设烹调工艺与营养专业、西点烘焙和幼儿发展与健康管理三个实训中心，经教务处论证、学校党委会审议通过。

（二）项目资金情况

经 2020 年第 47 次党委会决议通过，2020 年旅游与烹饪学院专业建设专项经费预算经费 30 万元，财务处于 2020 年 1 月 6 日下达到位。截至 2020 年 12 月，2020 年旅游与烹饪学院专业建设经费预算经费 30 万已经全部执行完毕，主要用于烹调工艺与营养专业实训室 104666 元、西点烘焙实训室 89528.07 元、幼儿发展与健康管理实训室 105805.93 万元。见表 4-1。

表 4-1 2020 年旅游与烹饪学院专业建设专项资金情况表

预算项目	已批复计划（万元）	已执行金额（万元）	余额
2020 年旅游与烹饪学院专业建设经费	30	30	0

（三）项目绩效总目标

长期目标：立足专业定位，创新实验教学模式，培养学生理论联系实际、学以致用的能力，提升学生的综合素养，把旅游与烹饪学院实训室作为技能型人才的培训基地。

年度目标：通过建立实训室，给学生提供实训基地进行实践训练，满足学生日常实验实训需求，培养学生扎实的专业操作技能。

二、项目绩效目标完成情况分析

旅游与烹饪学院较好地完成了专业建设资金的使用和管理工作。项目绩效评价得分为 92 分，评价等级为"优秀"。相关评分情况，如图 4-1 所示。

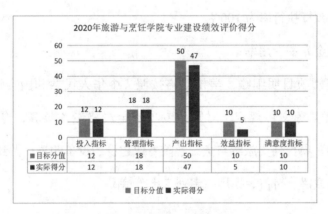

图 4-1 相关评分情况

（一）专项资金投入情况分析

1.项目立项指标分析

为了满足烹饪工艺与营养和婴幼儿托育服务与管理专业建设，旅游与烹饪学院申请专业建设专项资金建设烹饪实训室和购买幼儿专业音乐设备。该项目立项程序规范，按要求填写项目申报书，项目资金预算经过 2019 年 9

月1日党政联席会讨论、论证。

2.预算管理指标分析

（1）预算资金到位率

根据查阅国库指标，2020年初旅游与烹饪学院专业建设专项资金到位率为100%。财务处于2020年1月6日开账时将资金下达到位。

（2）预算执行率

根据查阅财务明细账，截止2020年11月，旅游与烹饪学院专业建设专项资金预算执行率为29.64%，截止2020年12月，旅游与烹饪学院专业建设专项资金预算执行率为100%。

（3）资金专款专用率

根据查阅项目明细账，学校严格按照《中华人民共和国会计法》《高校会计制度》等文件规定，对财政专项资金严格专项核算，专门设立了"104052003"项目列支旅游与烹饪学院专业建设的设备购置，做到了专款专用，不存在截留、挤占、挪用、虚列支出等情况。

（二）专项资金管理情况分析

1.组织管理指标分析

（1）管理制度健全性

经查，旅游与烹饪学院在管理制度建设方面十分重视实验室管理制度建设，在严格执行学校相关管理制度的基础上，配套制订了二级学院实验室管理制度，如：《常州工业职业技术学院烹饪示范专业教室管理制度》《常州工业职业技术学院烹饪示范专业教室安全制度》《旅游与烹饪学院实验实训教学耗材管理办法》《实训室钥匙管理制度》等。每个实验室墙上张贴，将相关责任明确到个人。

（2）实训室安全管理

经查，旅游与烹饪学院建立了常态化实训室安全检查机制。平时对实训室开展定期检查，重点检查消防设施、灭火器、实验室门窗、电源等，排除安全隐患。实训室有安全检查记录，每学期期初、期中、期末安全检查，纸质检查材料上交学校教务处，同时每天任课老师下课后检查安全问题，确保无误后方可离开。目前，实训室未出现任何安全隐患，未发生安全事故。

（3）仪器设备管理

经查，实训室仪器设备使用记录齐全。按照实训室管理制度，设备维护保养工作正常开展。仪器设备有专任教师孙煜博、实训干事黄海燕专人管理，档案材料和操作规程齐全。

2.财务管理指标分析

（1）财务监控有效性

经查，项目单位财务监控是有效的。项目资金支付严格执行《常州工业职业技术学院财务收支审批制度（修订）》（常工院院字〔2018〕152号）和《常州工业职业技术学院财务报销规定（修订）》（常工院院字〔2019〕65号），预约单上经手人、部门负责人、分管院领导、院领导栏均有相关人员签字。

（2）资金使用规范性

通过检查项目资金明细账、原始凭证及相关附件，2020年度旅游学院专业建设资金 30 万元，主要用于幼儿发展和烹饪实训室建设，实际支出与项目的用途相符。严格按照《高校会计制度》《常州工业职业技术学院财务收支审批制度（修订）》和《常州工业职业技术学院财务报销规定（修订）》等文件规定：第一，项目资金使用范围、对象明确，资金支付流程完备、程序合规；第二，资金支出符合项目预算规定的用途、标准；第三，资金支出均真实、有效，未发现截留、挤占、挪用、虚列支出等情况。

3.资产管理指标分析

实训室资产严格按照《常州工业职业技术学院国有资产管理办法（修订）》和《常州工业职业技术学院物资采购实施办法（修订）》的相关规定，实行"统一领导、归口管理、分级负责、责任到人"的国有资产管理体制。指定实训干事专人负责实训室资产管理工作，定期接受国有资产管理处和教务处监督。实训室资产采购、验收、入库和日常管理工作均比较规范，能够较好地使用这些实训资源为具体的教学活动服务。

（三）产出指标完成情况分析

1.数量指标分析

（1）仪器设备完好率

实验室的设备经过使用以后显示的设备完好率，体现出实验室设备管理的状况，以此标准作为评价设备管理工作的重要依据。自投入使用以来，目前，仪器设备完好率达100%，满足了日常的教学、科研和学生技能大赛训练需求。见表4-2。

表 4-2 主要仪器设备一览表

序号	仪器设备名称	目前状态
1	单槽盆台	使用正常，完好率100%
2	双头单尾炉	使用正常，完好率100%
3	开水器	使用正常，完好率100%
4	不锈钢油烟罩	使用正常，完好率100%
5	四门冰柜	使用正常，完好率100%
6	四门立式橱柜	使用正常，完好率100%
7	蒸柜	使用正常，完好率100%
8	高清录播系统	使用正常，完好率100%
9	板书定位传感器	使用正常，完好率100%
10	教育资源管理系统	使用正常，完好率100%
11	教育音频处理器	使用正常，完好率100%
12	液晶电视屏	使用正常，完好率100%
13	电钢琴	使用正常，完好率100%

（2）实训室利用率

实训室利用率=学期实训室使用总课时/每天 8 学时 × 5（天/周）× 18 周 × 100%。按实训室使用统计数据测算，实训室利用率达 61.2%，达到了预期目标。

（3）新增实训课程数

新增制作工艺实训、宴席设计与制作实训等 5 门实训课程，实训室课程开出率达 100%，达到了预期目标。见表 4-3。

表 4-3 新增实训课程（含理实一体化课程）

序号	实训课程 （含理实一体化课程）	面向专业	授课人数
1	面点制作工艺实训	烹饪工艺与营养	57
2	宴席设计与制作实训	烹饪工艺与营养	57
3	烹调基本功训练实训	烹饪工艺与营养	57
4	食品雕刻工艺实训	烹饪工艺与营养	57
5	幼儿教师才艺综合实训	幼儿发展与健康管理	476

（4）新编教材、校本讲义、实训指导书

新编教材 1 部，新增校本实训指导书 5 种，为相关实训课程教学提供了较好的课程资源，达到了预期目标。建议通过实施产教深度融合，加快基于校本化的实训指导书到活页式、工作手册式教材的编写工作。见表 4-4。

表 4-4 新编教材、讲义、实训指导书

序号	类型（教材、讲义、实训指导书）	名称	主编
1	教材	学前儿童语言教育	闫鸣鸣、龙慧
2	实训指导书	面点制作工艺实训	葛小琴
3	实训指导书	宴席设计与制作实训	孙煜博
4	实训指导书	烹调基本功训练实训	孙煜博
5	实训指导书	食品雕刻工艺实训	孙煜博、葛小琴
6	实训指导书	幼儿教师才艺综合实训	杨磊

（5）职业技能等级证书试点数（1+X证书）

基于实验实训室软硬件条件，积极开展中式面点师、保育师等职业技能

培训的试点工作，共开展培训、考证 217 人次，达到预期目标。见表 4-5。

表 4-5　职业技能等级证书试点情况

序号	职业技能等级证书名称	开展培训、考证人次
1	中式面点师	28
2	保育师	189

（6）社会培训人次

积极开展社会培训服务工作，完成 100 人次的茶艺培训、985 人次的保育、育婴培训服务工作，达到预期建设目标。见表 4-6。

表 4-6　社会培训情况

序号	开展社会培训时间	培训企业名称	培训人次	培训内容	培训教师
1	2020.7	武进就业服务中心	100	茶艺	葛小琴
2	2020.7	武进就业服务中心	985	保育、育婴	吴小亚、龙慧

（7）校级比赛获奖数

利用实验实训室软硬件资源，举行校级"建军杯"中式面点赛项技能大赛，弘扬精益求精的工匠精神，为同学们提供了切磋交流技能的平台，营造了刻苦钻研、提升技能水平的良好学习氛围；依托实验实训室场地条件，积极开展校级教师教学能力大赛备赛工作，获得 2021 年学校教师教学能力大赛二等奖 1 项。校级比赛获奖数达到预期目标。见表 4-7。

表 4-7　校级各类比赛师生获奖情况

序号	竞赛名称	获奖人员	获奖等级
1		2019 级烹调 331 方楚敏	一等奖
2		2020 级烹调 631 孔杪	一等奖
3		2020 级烹调 631 薛乐瑶	二等奖
4		2020 级烹调 631 渠孝予	二等奖
5		2020 级烹调 631 李斐熠	二等奖
6	2021 年常州工业职业技术学院"建军杯"学生技能大赛	2020 级烹调 631 鲁超	二等奖
7		2020 级烹调 631 潘健侯	三等奖
8		2020 级烹饪 631 张珏	三等奖
9		2019 级烹调 331 胡强松	三等奖
10		2019 级烹调 331 唐淼淼	三等奖
11		2019 级烹调 331 周文清	三等奖
12		2020 级烹调 631 陆基盛	三等奖
13	2021 年学校教师教学能力大赛	吴小亚 龙慧 张银 米娜	二等奖

2. 质量指标分析

（1）市级以上学生职业技能竞赛奖项

依托实验实训场地和资源，组织学生积极备赛 2021 年江苏省职业院校技能大赛相关赛项，获得省一等奖 1 项，二等奖 1 项，三等奖 1 项。市级以上学生职业技能竞赛获奖情况达到预期目标。见表 4-8。

表4-8　市级以上学生职业技能竞赛获奖情况

序号	竞赛名称	获奖级别	学生姓名	指导教师
1	2021年江苏省职业院校技能大赛餐厅服务赛项	省级一等奖	谈天	陈纯
2	2021年江苏省职业院校技能大赛餐厅服务赛项	省级二等奖	顾娴	黄志刚
3	2021年江苏省职业院校技能大赛学前教育专业教育技能赛项	省级三等奖	鲁怡、程薇薇、陈宇蓉	龙慧、朱倩倩

（2）市级以上教师教学能力竞赛奖项

课程教学团队依托实训场地设备和资源，重组课程内容、选择合适的教学策略，因地制宜设计教学流程、创建学习环境。在2020年江苏省职业院校教师教学能力大赛中获得省级二等奖。市级以上教师教学大赛达到预期指标。见表4-9。

表4-9　市级以上教师教学大赛获奖情况

竞赛名称	获奖级别	教师姓名
2020年江苏省职业院校教师教学大赛	省级二等奖	张保伟、严灵灵、户克玲

3.成本指标分析

实际总维护运行成本为2.3万元，其中包含耗材费用1.5万，水电气运行经费0.5万元，管理成本0.3万元。年均维护运行成本比例为7.6%。

（四）效益指标完成情况分析

项目效益指标分析：

1. 社会培训收入

2020 年保育、育婴两项目社会培训 200 人次，获得培训收入 14 万元；举办武进区保育员大赛参赛 985 人次，获得培训收入 11 万元；烹饪实训室培训西式面点师 56 人，获得培训收入 3 万元。2020 年旅游与烹饪学院专业建设获得培训收入总计 28 万元，达到了目标值。

2. 横向到账经费

经查，2020 年旅游与烹饪学院专业建设未产生横向到账经费。

（五）满意度分析

1. 学生满意度

利用问卷网对烹饪工艺与营养和婴幼儿托育服务与管理专业学生开展了满意度调查，设置了非常满意、满意、基本满意、不满意、非常不满意 5 级评价指标，参与人数 56 人，选择非常满意 50 人，满意 6 人，满意度达100%。

2. 教师满意度

利用问卷网对烹饪工艺与营养和婴幼儿托育服务与管理专业教师开展了满意度调查，设置了非常满意、满意、基本满意、不满意、非常不满意 5 级评价指标，参与人数 13 人，选择非常满意 10 人，满意 3 人，满意度达 100%。

三、项目总结

专项资金绩效评价工作小组本着客观、公平、公正的原则，对"2020年旅游与烹饪学院专业建设专项资金"绩效评价设计了评价指标体系和调查问卷，采用实地调查、收集资料、问卷回收分析等方式，得出结论：2020年旅游与烹饪学院专业建设专项资金绩效评价自评得分92分，自评等级为"优"，其中：项目投入指标、管理指标和满意度指标得分分别为12分、18分和10分，得分率均为100%；产出指标47分，得分率94%，其中年均维护运行成本比例高于目标值；效益指标5分，得分率50%，其中横向到账经费未达到目标值。

四、优化方案

（一）加强绩效管理，提高预算绩效管理水平

根据预算绩效管理的相关理念，合理的规划预算绩效管理的内容，制订出客观的绩效管理目标，对绩效监控，实施合理的评价，对结果展开有效的应用，同时也要关注绩效管理的主体责任，在内部通过上下协调重视工作责任，并且要将责任落到实处，突出绩效管理的理念和管理意识。

（二）加强资产管理，降低运行成本

加强资产管理，及时贴条码，新增的资产及时纳入资产信息管理平台，

建立固定资产台账，对使用人进行及时登记，确保责任人，若存在人员变动，应及时更新，全面实行动态化管理，年终前，应进行一次全面清查盘点。定期做好仪器设备等检查计划工作，做好实验器材的购买及使用工作，通过专业培训提高实训室管理人员的专业素质，进一步降低实训室的运行成本。

（三）搭建校企合作平台，拓宽校企合作领域

搭建校企合作平台，拓宽校企合作领域。建立多元化的校企合作资金筹措渠道，积极争取合作企业对校企合作项目的资金投入力度，通过校企合作的深入开展，为企业提供实训设备和大量的人才队伍。

（四）创新人才培养模式，构建校企合作育人新机制

共建校企人才共育、就业共担、资源共享的开放平台。紧紧围绕区域产业转型升级对高技能人才的需求，引入企业设备、资金、技术、师资和管理等要素，积极发挥企业在人才培养中的积极作用。大力推进合作办学、合作育人、合作就业、合作发展，着力提高人才培养质量。

（五）强化预算绩效管理意识

基于绩效意识淡薄的现状，应该强化学校员工绩效管理意识。

1.建设学校绩效管理文化，在报栏、餐厅、教学楼及办公楼大厅等人员来往密集的地方放置宣传栏，重点是要把绩效管理的政策对外公开，在校园内形成预算绩效管理的良好氛围。

2.通过加强预算绩效管理学习、定期举办员工培训、聘请专家讲解、开展学校内部交流研讨、与其他高校交流先进经验等方式，将预算绩效管理理念植入每个人的思想意识中，促使员工把预算绩效管理与自身工作领域内容相结合。

3.加强人才队伍建设，由校领导、预算管理部门、各预算责任部门分别抽出若干名员工组成一支专业队伍，打造由三方共同推动参与的预算绩效管理工作小组。学校要经常组织开展小组业务培训，加强小组理论学习，提高预算绩效实践能力。在日常预算绩效管理工作中，由小组人员在各自部门教授传达预算绩效管理理念与做法，由点到面，点和面相结合地推广和普及预算绩效管理思想和理念，为学校预算绩效管理工作实现从思想到行动的转变打造良好的氛围和基础。

（六）设置独立的预算绩效管理机构

设置专项管理机构，为预算绩效管理提供管理上的保障。应当成立专门的、独立的预算绩效管理机构来主管学校的预算绩效管理相关工作，并且配备专业人员来完成日常相关的工作。预算绩效管理机构的工作职责是：

1.分析学校的战略发展，规划完善现有的预算绩效管理体系，根据学校实际情况制订预算绩效管理的具体实施办法和绩效评价方法及指标体系。

2.在学校内部实施全面预算绩效管理制度，根据不同的目标实施有效的评审。

3.重点关注绩效目标的运行状况和评价，在执行期间发现的问题要及时上报给学校领导并且做好反馈，将意见传达给项目的负责人，项目部门要根据评价结果作出整改。

4.根据国家教育部门以及上级主管部门出台的相关文件，与专家组和第三方机构展开合作，对重大项目进行评价。

5.学校的预算绩效管理信息可以向外公布，让社会各界可以监督学校的预算管理行为。

6.预算绩效管理可以形成工作报告，定期报送给相关部门。

7.应当履行的其他绩效管理职责。

（七）完善预算绩效管理制度

制订出完善的预算绩效管理制度，可以快速地推动管理的质量，遵循国家有关部门出台的相关规定，并且要考虑到学校的发展状况制订出切实有效的预算绩效管理方式，在管理工作上展开科学的指导，对预算绩效管理工作的实施标准和流程进行明确和规范，从预算编制、目标管理、预算执行监督、绩效评价、评价结果反馈与应用等环节制订操作细则。本校在预算绩效管理办法中还要制订绩效问责制度，来明确相关责任部门和人员的任务和职责，问责制度可以作为保证预算绩效工作开展效果的一种手段。同时，还要补充绩效管理的理念和内容，完善预算管理制度。

（八）加强预算绩效监控

在预算的绩效执行监控方面要予以重视，这是确保执行效果的重要条件，可以及时地发现预算执行的问题，然后给出合理的解决策略，确保项目可以按照预算完成目标。

1.开发运用预算绩效管理信息化系统

将云计算、大数据、人工智能等现代信息技术运用到预算绩效管理过程之中。信息技术具有准确、快捷、效率高、信息量大的特点，它的运用能够加强学校内部各部门的联系、沟通和交流，简化预算管理工作，使预算执行情况可视化，便于监管。

在年初下达预算编制的任务后，各责任部门根据部门业务需求在系统中申报预算，财务处在系统中审核预算编制情况并汇总形成学校年度预算。出台的预算需要经过上级部门的批复确定，预算批复以后学校可以借助信息化系统，将各项预算内容传递给责任部门，责任部门收到方案之后，要严格遵照绩效的目标，对资金进行合理使用。同时，还要把信息化系统与会计核算相结合，各部门在系统中申请使用资金，系统会自动显示当前资金使用情况和进度，如果超预算就会提交到预算管理部门审核确定是否调整；如果未超预算则直接进入会计核算环节，待财务记账后，系统中的资金使用情况和预算执行进度也会随之变动，剩余多少资金和预算执行进度如何也可以一键查询。对于预算执行进度缓慢的部门，系统会发出提示，方便预算绩效管理部门及时督促各部门按计划进度执行预算，这样可以改善预算执行缓慢、年底突击花钱、预算资金闲置等问题。另外还要补充项目库，严格把控预算的项目内容，要把预算活动涵盖在内，提升审核编制预算的效率，确保绩效管理的精准性和有效性。

2.定期对预算的执行效果进行检查，执行预算时要对预算进行监控，掌握预算执行的状况和目标的完成度

关注费用支出的现状，还要关注资金使用效率和效果，对于重大项目，预算绩效管理部门按照绩效目标的设置，检查目标完成情况，投入产出结果如何，出具执行检查报告，若预算执行与预期目标有偏差，及时将问题反馈给相关部门，找出原因，及时督促并纠正，保证预算执行的效果。

3.在预算执行时，预算管理部门还要对资金使用的用途、金额大小和性质进行审查，保证预算执行合理合法

（九）建立健全预算绩效评价体系

使用科学的方式对预算绩效展开合理的评价，并且还要对绩效目标、预算支出的合理性状况进行分析。通过科学的评价体系，可以分析出学校的预算执行产出状况。在后期才能够做出调整和优化，推动学校预算绩效管理的水平。

1.选择科学的指标构建出绩效评价的体系

对绩效评价时，要选择适合的评价指标，采取合理的方法才能够体现出学校客观的绩效执行状况。在实践环节，绩效评价对象表现出了复杂性和多样性的特征，想要实现科学的评价非常困难，因此必须要合理的选择考核的指标，这也是评价工作中的难点问题。

2.对于绩效评价的各项程序进行规范

在绩效评价工作方面，主要可以划分为准备工作阶段，实施评价阶段以及撰写报告阶段。

（1）准备工作内容有：成立由校内绩效管理部门或第三方机构、专家组成的绩效评价工作小组，明确评价的工作方案，然后发布评价通知，对于各项内容进行确认。

（2）实施评价阶段工作内容有：收集、审核资料，现场考察，综合评价等。撰写报告阶段工作内容有：撰写报告，提交报告，评价工作总结，存放归档等。

3.划分评分结果

按照百分制和四级分类方法对绩效评价结果进行划分，分别是：90-100 分为优秀，80-89 分为良好，60-79 分为合格，0-59 分为不合格。对绩效评价结果为优秀的部门，在全校范围内进行表扬，树立模范并给予一定的奖励；对绩效评价结果为良好的部门，学校应进行鼓励并督促其限期整改所发现的问题；对评价结果为合格的部门，学校应压缩相应的预算资金；对评价结果为不合格的部门，学校应对其进行通报批评，并取消相应的预算资金，追究相应责任。

第四节　常州工业职业技术学院预算管理优化方案应用及保障措施

制订出健全的学校预算绩效管理体系，可以提升绩效管理的科学性和规范性，从制度层面上确保学校对资源实现优化配置，让教育经费发挥最大价值。根据中共中央国务院《关于全面实施预算绩效管理的意见》（中发〔2018〕34 号）、《教育部关于全面实施预算绩效管理的意见》（教财〔2019〕6 号）、《中共江苏省委江苏省人民政府关于全面实施预算绩效管理的实施意见》（苏发〔2019〕6 号）以及《省教育厅关于全面实施预算绩效管理的通知》（苏教财函〔2020〕52 号）的相关工作要求，在 2020 年已经实施《常州工业职业技术学院专项资金绩效评价管理暂行办法》（常工职院字〔2020〕52 号）的基础上，结合我校实际，制订优化方案。

一、全面实施预算评价结果应用

评价结果出来以后，要重点发挥绩效评价结果的价值。以评价结果为落脚点，推动预算绩效管理的整体水平提升，制订出奖惩措施，强调评价结果的应用。

（一）建立反馈整改机制

在反馈机制上进行完善，构建出健全的反馈制度，评价结果出来以后及时反馈给预算部门，预算部门要对绩效评价出现的问题给出解决建议，同时也要注重管理的优化，提升支出的责任感，让资金发挥出应有的价值。

（二）建立预算结合机制

评价结果和预算结合，双方形成结合机制，在年度预算的安排上，可以将评价结果作为主要的依据，绩效表现良好的项目可以重点扶持，优先考虑，绩效成绩较差的项目适当地减少资金安排，对于没有绩效的项目要及时取消。

（三）建立信息公开机制

对于重点项目的绩效评价作出汇总，形成评价报告，并且根据信息公开的制度，在学校网站上对外公开，接受社会各界的监督，这样可以提升预算绩效管理的透明度。

（四）建立绩效问责机制

在行政管理领域考核预算绩效管理现状，同样可以作为考核的依据，发现违规行为必须要追究相关责任人，在预算资金管理使用上设置主体责任管理模式，资金由谁支出就必须由谁承担责任。

二、完善保障措施，确保实施预算绩效管理运行通畅

（一）全面落实预算绩效管理领导责任

学校建立了书记、校长双组长负责制，涵盖财经工作领导小组成员，多预算部门共同参与的预算绩效管理工作领导小组，下设办公室，挂靠财务处。学校管理层必须要重视预算绩效管理的内容，从全局上全面推动预算绩效管理工作，财务部门要发挥出带头作用，重视预算绩效管理工作，制订工作的目标，并且在全局统筹规划，在业务层面上注重业务指导，各预算部门

的负责人也要认识到部门预算绩效管理工作的重要性，根据学校出台的相关规定统筹安排，制订详细的责任人制度，业务部门和财务部门也要做好配合，双方共同推动绩效管理工作的实施，其他部门也要与财务部门密切联系，强化沟通，共同带动预算绩效管理工作的开展。

（二）明确全面实施预算绩效管理责任主体

学校预算绩效管理的首要负责人为学校领导，明确绩效管理的责任主体，也要以学校领导为主，完善现有的管理制度，实施有效的管理措施。各预算部门的负责人要对部门内部的预算绩效工作负责任，项目负责人作为项目预算绩效的责任主体，也要承担起项目的责任。在重大项目领域，针对项目负责人实施绩效终身责任追究的制度。

（三）加强全面实施预算绩效管理队伍建设

为项目的执行配备充足的人员，同时也要提升预算绩效的管理效率，在网站上或者多媒体平台上宣传预算绩效的相关理念，强化预算绩效的管理意识，为预算绩效管理的发展创造舆论氛围，制订出科学的培训制度，采取新的培训方式，推动预算绩效的培训工作，提升相关人员的综合素质。

（四）加快全面实施预算绩效管理信息化建设

逐渐落实预算绩效管理信息系统的应用，采用这种方式提升预算绩效管理的整体效率，随着预算绩效管理水平的发展，要制订出适应的信息化系统，把财务管理、预算管理和预算绩效管理共同连接在一起，构建互联网平台，突破信息死角，全面提升，预算绩效管理的质量，这些都可以作为重要的技术支撑。

（五）加强全面实施预算绩效管理考核与监督问责

学校可以把预算绩效结果当作是绩效考核体系的一部分，在人员录用、业绩考核和预算安排方面，也当作是重要的参考指标。财务处实施预算绩效管理考核，并且要对结果作出及时的反馈，同时要把相关的信息对外公开，绩效目标评价结果等作为信息公开的主体内容。审计部门要对学校的预算绩效管理工作以及效果展开审计，从审计的角度进行监督，督促问题的整改进度，各部门要与学校的财务审计部门沟通，配合审计和监管。

（六）制订系统的实施细则，建立长远目标

学校坚决贯彻落实上级文件精神，在实施方案的基础上进一步细化，制订出实施预算绩效管理的详细内容，同时也要出台路线书、任务书、时间表等，将高质量考核与实施预算绩效管理相结合，做出效果，做出成效，推进学校治理体系和治理能力现代化。

第五章
"双核算"视角的高职院校预算
绩效评价研究

在双核算视角下，高职院校改善预算绩效评价管理能够满足当前的发展需求。在财务管理战略发展目标以及财务目标方面都能够起到推动作用。落实全面预算的评价制度，重点在于绩效评价，高职院校也正在关注预算绩效评价的管理方式，所以越来越多的学校将会应用预算绩效评价体系。

第一节　高职院校概况及其预算评价方式分析

一、高职院校概况

此次研究选择某高职院校作为分析的案例，该院校是由当地政府主导成立的全日制普通高职院校。该院校开设包括机电类、汽车类、化工类、资源工程类、建筑工程类、信息类相关以及学前教育等专业，是一所理工科为主的高等职业院校。目前学校的办学经费大多数来自于政府的财政拨款以及事业收入。2020年政府的拨款数额为10603.87万元，在总体收入中占到了83.72%的比例，有70%的财政拨款是当地财政拨款；事业收入2003.12万元，占总收入的15.83%，其他收入58.45万元，占总收入的0.45%。

（一）预算管理体系现状

1.预算组织管理结构

学校的最高决策机构是学校党委组织，在遇到重大事件时具备决策权。行政管理职权由院长办公会行使，设一名院长及3名分管副院长，内设教学机构、行政管理部门和教辅部门。学校采取"三重一大"的预算决策制度，党委会、院长办公会、分管副院长、各系部党政联席会议、部门负责人共同构成了由上到下的预算管理组织结构。

2.预算管理制度

高职院校根据《中华人民共和国预算法》和《事业单位财务规则》等法律法规，制订了《院系预算管理暂行办法（试行）》《高职院校预算管理办法（试行）》等预算管理制度。

根据以上制度，高职院校的预算业务主要包括预算申报和编制、预算批复、预算执行、预算监督和预算绩效评价。根据该校的管理规定，年度预算计划由各部门、系部提出，分别通过系部党政联席会议、分管副院长、院长办公会和党委会决定，由下到上逐级提交审批。财务处汇总编制后上报财政部门，后经财政部门批复后由财务处向各系部、部门下发具体分配计划，财务处负责预算执行与监督。年初资金使用部门提供预算绩效目标表随预算草案上报，年末进行绩效自评并提供评价报告上报财政部门。

高职院校的预算管理体系较为完整，设置了预算组织管理机构，并对各项预算业务有较为明确的管理制度。但也存在比较明显的缺陷：预算管理过程中，经常出现预算执行率不高、预算与决算差异较大、资产闲置与紧缺并存等情况，预算管理水平有待提高。

（二）现行预算绩效评价方式

经过深入的调查发现，高职院校在预算绩效评价方面使用的是自我评价法，即项目资金会确定一个或多个使用部门，如教学系部、行政部门或教辅部门是项目资金的使用部门，则预算绩效评价由其自行完成后交财务处审核上报。涉及的评价内容为财政拨款的项目资金支出，在进行预算项目资金的申请时，资金使用部门自行设置预算绩效目标，随预算草案同时上报财政局进行审批，财政局下达预算批复时同时将预算资金和预算绩效目标进行批复。在年底资金的使用部门会展开预算绩效自我评价，然后将结果上报给财务处。

采用预算绩效评价的制度是为了提升资金的使用效益，但经过几年的预算绩效评价实际，高职院校的预算管理水平并没有得到显著提升，预算管理过程中存在的问题始终没有得到有效解决。

二、现行预算绩效评价方式优缺点识别

（一）现行预算绩效评价方式的优势

高职院校目前的预算绩效评价方式较为简单，评价对象为财政拨款项目资金，评价方式为资金使用部门自评。通过对以前年度的预算绩效评价报告进行分析，总结得出这种评价方式具有如下优点：

1.由于现行财政预算管理方式是预算草案与预算绩效目标同时报送、同时批复，即意味着如果没有完成预算绩效目标的编制，预算资金就无法顺利下达，同时年度终了的预算绩效自评也是下一年度预算批复的前提条件。所以该评价方式是保证预算资金顺利下达的必要条件。

2.利用主体优势对项目内容及进展情况更为熟悉，便于评价。

高职院校的预算绩效评价结果主要是为了满足财政部门的监管需要，所以由资金使用部门去完成可以利用其对业务熟悉的优势更好地进行评价，并能够在上级检查中及时、精准地进行问题解答。如 2019 年预算绩效评价项目及自评部门对应如下：扶贫资金项目由学生工作部负责；包联驻村项目由党政办公室负责；派驻纪检工作组项目由纪委负责；高校科研项目由科研处负责；思想宣传与精神文明工作项目由宣传部负责。以上各项工作差异较大，各部门对其负责的工作内容有较为清晰的掌握，有助于做出评价。

3.预算绩效自评的方式较好地兼顾了经济性和效率性。作为一所规模中等的高职院校，高职院校的项目支出规模不大，如果作第三方评价会成本过

高，不符合成本效益原则。另一方面，财政部门一般只针对重大项目进行评价，资金标准一般为单项超过 100 万元，所以几乎不涉及该校，无法满足学校提升管理的需要。所以预算绩效自评的方式既兼顾了经济性和效率性，也保证了预算申请的顺利批复，这对于目前高职院校的预算绩效评价管理来说是较为经济的做法。

4.年初设定预算绩效目标，年底依据目标考核，使得考核有依据和标准，便于更好地实施预算绩效评价。

（二）现行预算绩效评价方式的弊病

通过调研和分析不难看出，高职院校的预算绩效评价主要是为了满足财政部门的要求而不是自身管理水平提升的需要，这就导致了预算绩效评价方式粗放并且与自身发展规划脱节。

1.预算绩效评价由资金使用部门自行完成，该部门可能会在年初设置较为简单的绩效目标以便能够顺利完成，或可能出于对于自身或者学校荣誉的追求而在年末进行虚高的预算绩效评价，这些评价方式将会影响结果的准确性。以两个被评价为满分的指标为例，一是在实行的科研项目"是否能在人才培养方案制订和教学实践中起到指导作用"上，没有经过广泛的调研和评估，仅以自评的方式就得出了满分的结论；二是根据高校学生奖助学管理的有关规定和工作部署，高职院校每年要进行两次评选，在春季和秋季评选工作结束后就应及时发放奖助学资金，最晚的一次评选工作也应该在 11 月份结束，而年初设定的时效指标值却为当年的"12 月 20 日前"，该指标的设置可能出于方便地完成且能获得较高的评分的考虑，但不符合服务和高效的学生工作原则。具体指标及得分情况，见表5-1所示：

表5-1 预算绩效评价表节选

项目	一级指标	二级指标	三级指标	指标值	得分
项目一	产出指标	社会效益指标	教育教学研究项目在人才培养方案制订和教学实践中起到指导作用（10分）	7个项目	10
项目二	产出指标	时效指标	奖助学金按规定及时发放完成时间（10分）	12月20日前	10

注：以上数据由高职院校相关数据整理得出

2.预算绩效评价主要用于上报财政部门，表明年初预算绩效目标的完成情况，没有从自身需求出发评价，对于自身管理水平的提升无法起到推动作用。

3.评价对象只包括财政拨款的部分项目资金支出，其对于总支出的占比较小，如2019年全年绩效评价涉及的项目资金只占当年总支出的0.16%，并且只针对预算资金支出进行评价，评价对象单一。这些评价不具备代表性，所以也不能反映出学校的整体绩效水平。

4.自评主体设置评价指标主要是利用自身熟悉的业务层面的或是支出数量指标，会计核算的结果无法有效运用到预算绩效评价中。

如2019年高校科研项目绩效评价指标中内容除了体现资金执行率外，大多采用科研项目的结项相关指标，无法从会计核算的角度计量和评价。其具体指标设置，见表5-2所示：

表 5-2　预算绩效评价表节选

一级指标	二级指标	三级指标
资金执行率	资金执行率	资金执行率
	数量指标	指标 1：完成 2015—2017 年度结项项目研究经费支付 指标 2：完成 2018—2019 年度项目阶段性研究经费支付
	质量指标	指标 1：2015—2017 年度结项项目完成结项，通过验收 指标 2：2018—2019 年度项目完成阶段性研究目标
产出指标	时效指标	指标 1：2017 年度有 1 个项目延期，其余项目结项 指标 2：2018—2019 年度项目均在计划完成时间内完成阶段性进度任务
	社会效益 指标	指标 1：教育教学研究项目在人才培养方案制订和教学实践中起到指导作用 指标 2：应用技术研究项目紧扣当地经济社会发展需求，解决关键技术问题

5.重点对财政拨款项目的支出展开评价，是完成财政部门的"规定动作"，但评价结果却没有影响下一年度的预算分配和批复，形式大于内容。

综上所述，高职院校采取的预算绩效评价方式存在一定的优势，但也存在明显的缺陷。依据新公共管理理论，预算部门应向服务型、责任性和效率型进行转变，其预算绩效评价要可度量并且向结果导向建设。高职院校的现行预算绩效评价方式单一，没有体现自身的全面责任划分，无法衡量预算效率。同时指标的可度量性较差，评价结果无法应用，没有发挥出对于整体预算管理水平的提升作用，已经不能适应不断变化的预算环境和高职院校的实际情况，需要改进和提升。

第二节　高职院校预算绩效综合评价

一、基于"双核算"的预算绩效评价体系设计思路

监督审核会计核算是会计工作人员的主要工作职能，在以往的工作中预算核算"两张皮"现象较为普遍，会计核算信息的有用性大打折扣，若能使两者互相结合，将会计信息运用到预算绩效评价中来，可以发挥事半功倍的效果。在双核算的会计核算体系下，可以为预算部门带来更加全面的信息，并且根据这种理念要求预算部门提供执行信息，所以产生的核算内容相对较多，可以有效地分析会计主体的资产、财务、运行以及现金流状况。同时依据委托代理理论，在公共部门中社会公众与政府之间、政府与部门之间均存在信息不对称，需要增加信息的透明度来解决这种多层级的委托代理问题。对于核算信息更为丰富的"双核算"体系来说，其提供的多角度的信息有利于社会公众和上下级部门的信息传递，且统一的信息口径更便于理解和比较。所以构建基于"双核算"的预算绩效评价体系有利于绩效评价的开展和会计制度在单个会计主体中的贯彻实施。

针对高职院校的基本情况，基于"双核算"视角的预算绩效评价设计应包括以下方面：

（一）评价主体

鉴于预算单位自评的优点，采用学校自评的方式进行预算绩效评价，克服第三方评价成本过高和财政部门评价无法覆盖的弊端。

（二）评价对象

由于高职院校是政府举办的事业单位，其所有纳入部门预算的资金都应作为预算绩效评价的对象，且应建立全方位、全层级的预算评价体系对学校整体以及不同的系部、部门进行预算绩效评价，但限于目前的条件，本节主要探讨以学校整体预算作为评价对象的预算绩效评价[1]。

（三）评价内容

为全面准确反映年度预算所体现的绩效水平，结合整体管理、业务内容与财务信息，对预算绩效进行综合评价，以准确反映预算管理水平、预算计划的执行和产生的效率、效果。

（四）指标选取

通过同时选取能够代表主体预算绩效水平的预算会计指标和财务会计指标，并以部分预算管理和业务指标作为辅助，从不同侧面对主体的年度预算

---

[1]　官景玉，高校全面预算绩效评价体系优化研究［J］，会计之友，2020（15）：121-127.

绩效水平进行评估和考核,从结果中作出分析和改进,在后期才能提升预算的绩效管理水平。

(五)评价方法

采用层次分析和模糊综合评价法,邀请相关专家对构建的基于"双核算"视角的预算绩效评价指标进行重要性赋值和评价打分,得出评价结论,一定程度克服部门自评的主观性。

二、"双核算"预算绩效评价的适应性分析

(一)会计核算目标与预算绩效评价目标趋于统一

管理工作要制订出目标,遵循目标管理的理论,各项管理工作必须要围绕着总目标来实施。预算管理和会计核算是预算部门的两项重要工作,其出发点和工作重点均应以单位的战略目标为导向。在双核算的会计核算体系要求下,丰富核算的各项功能,能够了解更多的核算主体信息,反映出了财务预算的执行状况、运行状况。评价预算绩效的结果也能够发现预算的投入效率产生的效果和收益,这与会计核算的目的有很多的契合性,两者最终的目的都是为了主体管理水平的提升,以便实现主体的战略目标,所以基于"双核算"视角的预算绩效评价能够将预算管理与会计核算对接,改变二者长期分离的状态。从高校财务工作的角度来看,新政府会计制度带来最大的改变,一是预算会计的核算只反映预算资金的流向,对资金是否按照预算用途

进行收支，预算执行进度如何以及资金结余情况进行反映，不再体现其他类似于资产和负债等信息；财务会计以权责发生制核算资产负债，并引入成本费用的理念，资源对不同业务的投向、各项费用的高低、效果水平如何等信息可以直接或间接的方式体现。公办高校资金来源主要依靠财政拨款，年度预算资金投入和支出情况是必要的会计信息，但并不意味着学校可以不关注各项业务是否平衡发展、各项成本费用是否合理以及真实的资产负债情况如何。尤其对于高职院校来说，各校均在开展"百万扩招"计划，财务情况直接影响学校的发展和竞争。学校一方面要针对预算资金进行管控，严格规范地使用资金，另一方面要以学校战略发展目标为导向进行合理的资源调配。这些目标与高职院校的预算管理和绩效评价目标直接相关，具有高度的统一性。

（二）重塑核算流程提升内部协作

新的政府会计制度较以前的事业单位会计制度做了较大的改变，"双核算"体系对会计主体内部不同部门的协作提出了较高的要求，比如合同管理部门要厘清合同签订与支付情况，及时配合财务部门核算相关资产和负债，资产管理部门与财务部门要做好沟通，配合提供资产、折旧资产处理数据，提升资产的核算准确度。以前会计核算只是财务部门的工作，"双核算"的新政府会计使得内部协作更加规范和紧密，这也正是预算绩效评价的基本要求。

（三）"双基础"促进资源优化配置

预算会计以收付实现制为基础记录对预算资金的收支情况进行，便于主体准确把握预算资金的剩余情况，以便做出资金调整。财务会计以权责发生制为基础记录资产、负债、净资产、收入和费用等内容，体现主体的真实家底、债务负担、费用投入及发展能力。核算基础的双重性全面准确地体现出资源投入和调整的过程和结果，也为资源优化配置提供参考。预算绩效评价不应仅仅对当年的预算资金使用进行评价，更应对累积到当年的资产、负债和净资产进行评价，也应将核算内容更为广泛的财务会计下的收入费用要素进行考量，以准确评估主体的发展潜力和成本耗费。

（四）"双核算"提供准确会计信息

"双核算"采用预算会计与财务会计相结合的核算体系，能够提供较之前更为全面和准确的会计信息，这就为预算绩效评价打下较为坚实的基础，为会计信息全面应用到预算绩效评价中提供了条件。

（五）"双报告"强化外部监督

在政府会计的规范之下，要求会计部门提供决算报告以及财务报告，因为涉及除了预算资金之外的其他信息，监管部门和社会公众对于能够反映会计主体资产状况、运行情况和现金流量的财务报告更为关注，其提高了报告的可理解性和关注性，强化外部监督。这恰好在一定程度上弥补预算绩效评价主体自评公允性偏颇的弊端，也使得预算绩效评价指标体系的可理解性有所提升，使得评价结果的可靠性在监督下也得到提升。综上所述，针对高职院校现行预算绩效评价方式的缺陷，引入基于"双核算"视角的预算绩效评价体系是较好的选择。

三、"双核算"视角的预算绩效评价指标体系构建

陆萍、吴婧和张甫香在《高校预算绩效评价的方法探析》一文中，分析了高校预算绩效评价体系，认为全面的评价体系必须要包括预算编制、决策执行、预算效果等方面的评价，综合利用以上评价指标形成全方位的评价体系。在此基础上，该文认为随着管理规范的需要，对预算编制决策的评价应该扩展为对预算管理全过程的评价，其内容除了对预算决策的评价，还需涵盖对预算绩效目标、管理制度和信息公开以及评价结果运用等过程的评价。所以"双核算"视角下的预算绩效评价结合主体的战略发展目标，以定量定性结合、共性和个性结合的原则设置预算绩效评价体系如下：3 个一级指标（目标层指标）分别为基于全面有效性的预算管理过程评价、基于预算会计的预算执行评价和基于财务会计的预算效率效果评价指标（分别标注为 A_1——A_3）；辅以 14 个二级指标（准则层指标，分别标注为 B_1——A_{14}）、39 个三级指标（方案层指标，分别标注为 C_1——A_{39}）共同构成高职院校的预算绩效评价指标。

（一）预算管理过程评价指标

根据目标管理理论，不论是员工还是部门，其工作目标都要与单位整体目标一致。预算管理目标甚至是财务目标都应该服务于学校的战略发展，根据高职院校的"十三五"发展规划，其目标是"建设成为高水平、高质量"的职业院校，所以预算管理过程的评价指标应基于全面性和有效性构建。为了进行科学的管理并达到较高的绩效，实现高水平的质量发展战略，对预算管理的整个过程的评价包括对预算绩效目标、预算分配决策、预算管理制度、预算公开和绩效评价结果运用等多方面内容的考核，具体的评价指标设置，如表5-3所示：

表5-3 预算管理过程评价指标

一级指标	二级指标	三级指标	指标来源
预算管理过程	预算绩效目标	预算绩效目标明晰性 预算绩效目标与战略目标相符性	预算管理 预算管理
	预算分配决策	预算分配方法合理性 预算管理、预算编制准确性	预算管理 预算管理
	预算管理制度	预算管理制度健全性 预算管理制度的执行	预算管理 预算管理
	预算信息公开	预算信息公开内容的合规性 预算信息公开及时性	预算管理 预算管理
	预算评价结果运用	预算绩效评价结果运用情况 预算评价结果可靠性	预算管理 预算管理

（二）预算执行评价指标

新政府会计制度的"双核算"体系简化了预算会计核算职能，明晰了预算会计目标，只关注预算资金的收入、支出和结转结余，清晰明了地反映出预算执行情况，这就为基于预算会计的预算执行评价指标的设计奠定了基础。作为高职院校，预算执行一方面要对预算资金的执行度进行考核，除预算收入、预算支出的完成率外，还应对目前财政政策中特别关注的"三公经费"和项目资金结转结余方面进行评价；另一方面，作为一所高职院校，其资金来源于财政拨款、学生学费等应缴财政款项和其他收入，设置资金投入增长指标对预算资金的获取能力进行评价，并相应设置三级指标。基于预算会计构建的预算执行评价具体指标设置，如表5-4所示：

表5-4   预算执行评价指标

一级指标	二级指标	三级指标	指标来源
预算执行	预算完成度	"三公经费"预算完成率 项目资金结转结余占预算收入比率 预算收入完成率 预算支出完成率	预算会计 预算会计 预算会计 预算会计
	资金投入增长	财政拨款收入增长率 应缴财政款增长率 其他收入增长率	预算会计 预算会计 预算会计

（三）预算效率效果评价指标

"双核算"的预算绩效评价并不是只利用预算会计反映的结果，其主要特点是同时也利用了财务会计的核算信息进行评价。预算本质上是资源优化配置的过程，预算决策分配和评价不仅要对预算资金进行考虑，还需要关注资产和负债等存量的因素，更需要对成本费用以及产出效果等进行权衡考量，以实现资源的最优规划。"双核算"的会计体系丰富了财务会计的核算内容，所以考虑财务会计才能更好地实现资源优化配置，达到最终目标。所以在预算绩效评价中，"双核算"体系的指标相互结合构成完整的评价体系。由于高职院校是非营利组织，经济效益不是其追求的主要目标，且财务会计未设置所有者权益要素，故选取财务会计下的部分反映财务状况的共性指标辅以高职院校个性业务指标，以求全面反映预算的效率、效果、水平。在个性指标的选择上，主要基于对高职院校的主要业务的分解，并且针对学校的业务归口、专项管理特点，挑选可以代表主要业务方向的关键指标，评价该校预算绩效效率效果。作为一所高职院校，高职院校主要职责是教学、科研、社会服务和产教融合，分别设置相应指标；管理对象包括教师和学生，分别针对性地进行师资建设和学生工作评价指标；为了实现职责和目标，还需要辅助性的行政管理，故设置行政管理指标。在每个二级指标下选取最为重要的工作任务，作为三级指标的评价方向，如教学工作按照学校的专项任务管理分为日常教学经费、生均实训设备、学生就业、毕业生资格证书取得、教学改革专项和 1+X 证书试点等指标内容。与此同时，由于高职院校初次整体预算的绩效评价，且对于教育行业来说在一个预算年度中投入产出无法形成较强的对应关系，所以前期的预算绩效评价指标主要以费用投入类为主，辅以其他相关的业务指标，形成对预算效率效果评价的指标集合。由于没有可参照的绝对指标值，故费用类科目大多采用占比的形式，以该项业务费用占总费用的比例反映预算资源的流向和占用。同时针对费用增长更能体现预算效率效果的指标，以费用增长率作为评价指标，以便于专家做出判断。具体指标设置如表5-5所示：

表5-5 预算效率效果评价指标

一级指标	二级指标	三级指标	指标来源
预算效率效果	日常教学	日常教学经费占总费用比 生均教学实训设备总值增长率 学生就业率 毕业生资格证书取得率 教学改革专项费用占比 1+X证书试点费用占比 双师型教师培养费用占比	财务会计 财务会计 业务系统 业务系统 财务会计 财务会计 财务会计
	师资建设	日常师资培训费用占比 高技能人才引进培养费用增长率 科研成果数量增长率	财务会计 财务会计 业务系统
	科学研究	科研费用占比 院级以上科研项目立项增长率	财务会计 业务系统
	社会服务	横向课题到款额 社会培训收入	财务会计 财务会计
	产教融合	校企合作办学费用占比 学徒制教学费用占比 校外实训基地建设数量	财务会计 财务会计 业务系统
	行政管理	办学收入费用比 行政管理费用增长率 资产负债	财务会计 财务会计 财务会计
	学生工作	学生奖助学金用占比 学生工作费用占比	财务会计 财务会计

注：各费用占比=各费用÷年度总费用 费用增长率=本年度各费用÷上年度对应费用

第三节 预算绩效评价结果分析及优化

一、预算绩效评价结果分析

从解决问题提升管理水平的角度出发,利用预算管理相关理论及高职院校具体情况对上述评价结果进行分析,发现高职院校的预算绩效评价结果反映了以下几个方面的问题:

(一)预算管理过程不完整

在具体预算单位中,完整的预算管理过程应该包括预算绩效目标、预算分配、预算管理制度、预算信息公开和预算绩效评价。根据表5-6所示,预算管理过程项得分较其他两项指标得分最低,其项下预算分配决策和预算评价结果运用得分较低,分别为50.18分、60.06分。特别是相对于决策目标即高职院校预算绩效最终得分的相对权重为0.0691,位于同层级14个指标的第6位,但其得分却远低于同层级指标得分的平均分。由此可见高职院校在预算绩效评价结果运用方面存在较大问题,预算分配决策也存在改进的必要性。进一步分析项下方案层指标可以发现,预算绩效评价结果运用情况得分42.67分,预算评价结果可靠性得分60分,特别是相对于决策目标即高职院校预算绩效最终得分的相对权重为0.0392,在39个同级别指标中位于第 8 位，指标相对重要但得分较低。主要原因是预算绩效评价由资金使用部门自行完成，其结果可靠性有待考证，财务处审核规范性后上报，但并不会以该自评结果对资金使用部门进行考核或对下一年预算分配调整。分析项下指标可以发现，预算编制准确性指标得分为 55.33 分，绩效水平较低。经调研发现，该校预算基于市本级常规财政拨款进行编制，对于上级拨款和项目拨款没有计入编制范围，导致准确性不够。在后期的应用环节，必须要重视预算绩效的评价应用。

表 5-6　A1 项下部分指标评价情况

二级指标	权重	得分	三级指标	权重	得分
预算分配决策	0.0644	60.06	预算分配决策	0.0286 0.0359	66.00 55.33
预算评价结果	0.0691	50.18	预算评价结果	0.0392 0.0300	42.67 60.0

（二）预算执行缺乏刚性

从预算执行角度来看，准则层指标预算完成度、资金投入增长均大于 60 分，评价结果为良好，但也存在一些突出问题。首先从评价得分来看，项下预算支出完成率、项下应缴财政款增长率得分均较低，分别为 49.33 分和 51.33 分，但两者在同级 39 个指标中重要性上居前，分别列于第 4 位和第 9 位。然后从指标数量值来看，2020 年高职院校预算支出完成率为 171.33%，远超年初预算。另一方面，随着职业教育改革进程的推进以及百万扩招工作的开展，高职院校 2020 年在校生较上年增长 334 人，应缴财政款科目核算的内容主要包括学生的学费、住宿费，体现学校招生的增长能力。但在学生人数增长的情况下，2020年应缴财政款增长率为-14.16%，通过调研究其原因，是学生欠费和扩招生学费未及时收回形成的。在年初对收入及支出进行过测算的基础上，支出仍大幅超过年初预算以及学费收入未达预期均表明高职院校在预算执行方面缺乏刚性。

表5-7　A2项下部分指标评价情况

二级指标	权重	得分	三级指标	权重	得分
预算分配决策	0.1644	62.35	预算分配决策	0.0564	49.33
预算评价结果	0.0911	70.60	预算评价结果	0.0378	51.33

（三）资源分配不合理

依据目标管理理论，作为职业院校，高职院校旨在培养技术技能型人才，以培养学生职业技能为最终办学目的，因此资源投入和费用投向应以此进行分配。该校预算绩效效率效果指标评价结果良好，项下各准则层除科学研究得分较低外，其余指标评价得分均为良好。但从方案层指标来看，该校预算管理效率效果仍有待提高。在2019年的高职院校第二次党代会工作报告对未来五年发展规划及2020年工作总结中，曾多次提及科研工作的发展，但在预算绩效评价指标中，科学研究及其项下全部子指标科研成果数量增长率、科研费用占比及院级以上科研项目立项增长率均评价为"一般"。在目前我国高校的科研体系中，与高职院校相关的专利发明、著作出版和论文发表等科研成果的产出要求有相应的资源投入，高职院校对于科研工作的预算投入和科研成果产出的能力还需进一步提升。从其他方案层指标来看，以相对于决策目标的权重排序，挑选得分较低的指标，发现其中生均教学实训设备总值增长率、教学改革专项费用占比、1+X 证书试点费用占比、高技能人才引进培养费用占比以及学徒制教学费用占比等指标得分较低。对于职业院校，依托教学实训设备进行实操模拟是最为重要的技能培养手段，但通过调研发现，高职院校的实验实训设备多为 2012—2015 年集中采购，其磨损程度较大且技术已经落后，特别是对于理工科为主的高职院校来说，实验实训机器设备更新换代较快，目前的教学设备已经无法满足培养先进技术技能型人才的要求，需要增加新设备；其余指标如教学改革、1+X 证书试点、高技能人才引进培养和学徒制教学等工作都是目前全国高职院校内涵式发展和教育质量提升的重要内容，显然该校在这些方面的预算绩效水平还有很大的改进空间，高职院校如果想实现成为"高质量、高水平"院校的目标，就必须针对性地加大相关预算投入，提高预算效率效果水平。具体指标评价情况，如表 5-8 所示：

表 5-8　A_3 项下部分指标评价情况

二级指标	权重	得分	三级指标	权重	得分
B_8	0.1219	69.98	C_{19} C_{22} C_{23} …	0.0118 0.0157 0.0114 …	55.33 44.00 53.33 …
B_9	0.0423	66.73	C_{26} …	0.0094 …	58.67 …
B_{10}	0.0413	48.48	C_{27} C_{28} C_{29}	0.0046 0.0192 0.0174	55.33 46.67 48.67
B_{12}	0.0421	68.73	C_{33} …	C33 …	0.0131 …

（四）各部门协调配合较差

由于高校相较于一般预算单位资金支出较大、业务种类较多，其预算管理是比较复杂的系统，在预算绩效评价中，非隶属于同一层级的指标可能反映出具有共性的问题。高职院校预算管理涉及众多部门和职能层级，在评价过程中可以发现，其协调配合还有待加强。如从得分较低的方案层指标等指标中可以发现，高职院校财务核算与预算相对分离的管理现状，主要原因是预算由各部门、二级系部提出申请自下而上进行审批，财务处只负责审核规范性而不对数额进行调整，所以在预算编制的财务专业性上发挥有限，导致基于业务部门生成的预算编制准确性不够，这种情况同样在预算收入完成率和预算支出完成率的指标值均大于150%上可以得到反映。同样地，预算绩效评价由资金使用部门自行完成，财务处不以该自评结果进行进一步运用也体现了协调配合不到位的问题。另一方面，会计核算由财务处负责，往往在核算中会发现年初预算编制由于缺乏统筹调配而不够准确，但未建立相应的反馈机制以改善这种情况。同样在应缴财政款增长率指标中，学生人数增长而收取的学费住宿费下降的原因也在于财务处收费科未及时向班主任反馈在校学生欠费情况，以及教务处关于扩招生的管理未与财务处进行良好沟通。

二、薄弱环节优化措施

（一）完善预算管理过程

在"双核算"视角下，高职院校预算管理过程应主要完善关于预算绩效目标设置和评价结果运用两方面的内容。鉴于预算绩效目标对预算管理的导向作用，年初预算绩效目标的设置有较强的必要性，但由于对整体预算评价缺乏经验和参考，预算绩效目标的设置可以今后 3 ～ 5 年的预算评价结果为基础，对平均水平设置一定的提升率作为年度预算绩效目标，根据该目标对不同部门和教学系部进行任务分配，确保达成相应目标；在评价结果运用方面，建议通过该校党委会制订相关制度，对上年绩效评价较差的业务牵头部门调减年终考核得分，扣减绩效工资，同时对绩效较好的部门进行奖励，通过奖惩提升人员积极性，进而推动预算绩效水平的提升①。

（二）强化预算执行

高职院校的预算执行率大比例超出 100%，表现了预算执行的刚性缺乏。应在年初预算合理科学编制的基础上，对收入和支出的归口管理部门定岗定责，制定严格的预算调整程序，对预算执行率设置上下限，倒逼预算编制的合理性提升和相关部门的职责履行。

---

① 逢诗然.高校全过程预算绩效管理的探究［J］.财经界（学术版），2020（12）：245-246.

（三）合理部署成本投入

根据高职院校的具体情况，合理的成本费用部署包括整体业务层面和部门层面。

1.针对科研、教学实训设备、教学改革、1+X 证书试点、高技能人才以及学徒制教学等费用水平较低的方面，针对性地加大所需资源的投入，包括资金、固定资产和人员；

2.除了整体业务层面要保持合理均衡的投入，在业务费用上按部门进行调配。如人文系与其他理工科系部不同，其实训设备和耗材的需求都较小，但其对于学前教育的教师、高技能企业人才以及校企合作的需求较大，可将资金更多投入到这些方面。其他理工科系部则更多地购买实训设备和耗材，或在学校内部按使用效率重新调配固定资产，使部门新增业务成本主要以折旧的形式来体现。

（四）明确执行主体

在会计核算、预算绩效评价和学校各项业务中，执行主体既互相分离又互相交叉，特别是业务部门和财务部门的联系比以往更为密切。想要实现各部门的协调配合，就需要将预算绩效评价和会计核算中涉及的内部管理部门、系部进行梳理和安排，明确在预算和核算过程中各部门的职责和任务，在不同环节设置合适的执行主体，理顺工作程序，加强内部协作。可以在全面梳理所有业务的基础上，将内部预算管理制度和会计核算制度流程化，形成执行手册，通过可视化的流程图清晰反映各节点的执行主体，明确所有涉及部门的权利和义务。

（五）强化内外部监管

在上述高职院校的预算绩效评价中，预算信息公开在同级 14 个指标中相对于决策目标的重要性为最后一位，但其评价得分却最高，其主要原因是预算信息公开的内容和时间由同级财政部门监督，与预算拨款直接相关，所以规范性较强、得分较高。由此可见监督是提升预算绩效水平的有力措施。但由于财政部门对于公开的内容要求仅限于预决算信息，对于财务会计的核算结果以及预算绩效评价等内容不做过多要求，这使得该校对于更多信息的公开缺乏积极性。根据委托—代理理论的描述，提升信息的透明度可以缓解多层级代理的矛盾。为了实现学校的内涵式发展和预算绩效水平的提升，首先要积极主动扩大预算信息公开的范围和时间跨度。将预算绩效评价结果、跨年度预算评价数据等内部管理数据进行公示，接受更为广泛的外部主体的监督，以督促改善，不断完善内部管理，提升管理效能。作为一所市政府举办的高职院校，该校的主要办学经费来源于市本级拨款，其预算绩效评价主要的外部需求部门为本级财政部门。该市财政部门虽未针对高职院校制订明确的绩效评价方法，但有指导性的方案，同时也多次向各预算部门征求绩效评价管理意见。该校可与本级财政部门积极沟通，将双核算的预算绩效评价体系作为建议列入本级财政预算管理之中，形成地区财政制度规范。并且建议预算绩效评价设置事前、事中和事后三个阶段，特别是要将事前预算绩效评价结果作为预算项目是否能够实施的必要条件，切实做到"无效不花钱，花钱必问效"，为高职院校预算管理的风险防范奠定基础。以完善后的制度对市属同类高校进行预算绩效评价和管理，将便于财政监督和不同学校的横向比较，提升地区办学水平。应充分发挥高职院校内审部门的作用，对内部预算绩效评价和会计核算等方面进行严格监督，以确保信息的真实和完整。

（六）优化核算策略

会计信息是会计核算职能的中级产品，所以想要实现会计管理职能，必须要重视会计信息的利用。高职院校的会计核算结果未合理地运用于预算管理的主要表现有以下两点：

1.现有会计核算结果没有完善的应用机制

目前高职院校的会计核算结果对除财务处以外的部门提供的主要作用包括年度工作报告、学校年审、常规预决算公开和上级部门统计，几乎没有以结果运用为目的的作用。

2.会计核算提供的结果与预算管理相关性较差

目前高职院校全面采用了政府会计的核算体系，但还是比较重视预算会计的核算，在预算会计中针对预算支出科目进行了拨款方式、功能分类科目、经济分类科目和项目分类等多种明细核算，但对于财务会计中的费用科目仅以子科目的形式对教育费用、科研费用和行政管理费用等制度要求的科目简单核算，而没有按明细的业务种类、费用划归部门、项目等深入核算。

本文所依据的部分指标数据通过 2019 年及 2020 年的财务数据重述而得，原核算信息无法提供完整的依据，从会计核算应该合理运用于预算管理的要求看，会计信息的相关性亟待提升。在当下背景下要对业务进行梳理，以满足管理需要为标准，分系部、部门，按业务内容和考核指标进行核算调整，充分利用子科目、项目、部门、人员等明细核算手段丰富核算内容，加大核算深度，提供更为精确的会计信息，促进分层次多角度的预算绩效评价体系的构建。

（七）加快信息化建设

高职院校业务种类较多，组织机构也较一般事业单位更为复杂，同时作为市属高校，高职院校接受市本级和省级财政部门领导，同时也受省级教育部门管理，需要提供的会计和预算信息多元而复杂。目前高职院校使用的记账软件多为用友财务云 8.0 系统，与大部分财务软件一样均体现出信息系统的扁平化特征，仅使用该系统进行核算难以提供丰富和多维的预算相关信息。智能化和云财务如今已经不再只是概念了，使用信息化手段扩展会计核算系统的边界，打破会计核算系统扁平化的缺陷，利用大数据收集关于核算和预算的更多信息，以便于财务工作的效率和效果的提升。同时，采用预算与核算一体化系统，使得会计核算与预算管理结合更为紧密，为预算绩效评价及预算绩效水平提升提供技术支持。

参考文献

［1］马海涛，曹堂哲，王红梅.预算绩效管理理论与实践［M］.北京：中国财政经济出版社，2020.

［2］闵剑，张友棠，曾芝红.面向世界一流大学绩效管理的高校预算绩效管理体系研究［M］.武汉：武汉理工大学出版社，2019.

［3］北京国誉会计师事务所有限公司.预算绩效管理实务［M］.北京：中国财经出版传媒集团，2022.

［4］中国发展研究基金会编.全面预算绩效管理读本［M］.北京：中国发展出版社，2020.

［5］郝玮，郝建国，吴丽军.财政预算资金绩效管理操作实务［M］北京：中国市场出版社，2019.

［6］崔惠玉，周伟.中期视野下预算绩效管理改革的思考［J］.财政研究，2020，0（1）：87-95.

［7］王泽彩.预算绩效管理：新时代全面实施绩效管理的实现路径［J］.中国行政管理，2018，0（4）：6-12.

［8］朱俊立.财政预算绩效目标和绩效评价结果应用之间的回应性制度

安排研究［J］.经济研究参考，2018，0（27）：42-48.

［9］陈凯，肖鹏.预算绩效目标管理的国际比较与启示——基于目标设置理论的研究视角［J］.经济研究参考，2019，0（12）：68-78.

［10］张微.应用型高校绩效管理课程教学改革研究［J］.产业与科技论坛，2022（6）：179-180.

［11］王琴.区域一体化战略下财务引领高校绩效管理研究［J］.常州信息职业技术学院学报，2021（2）：88-93：

［12］蔡晓芸.基于政府会计改革的高校财务管理研究［J］.财经界，2020（25）：188-189.

［13］刘婵妮.高校全面实施预算绩效管理存在的问题及对策研究［J］.财会学习，2020（23）：76-77.

［14］乔春华.高校开展整体绩效评价的思考［J］.会计之友，2020（20）：73-77.

［15］郑美仙.地方本科高校全面实施预算绩效评价路径探析［J］.西部财会，2020（10）：37-39.

［16］张静.基于风险视角的高校预算绩效管理存在的问题与优化对策［J］.内蒙古财经大学学报，2020，18（6）：135-137.

［17］徐丽萍，简欣媛，张玲玲.高校全面实施预算绩效管理研究［J］.会计师，2020（22）：73-74.

［18］赵敬予，于佳明，高芳.高校预算管理绩效评价体系构建研究［J］.行政事业资产与财务，2020（17）：22-23.

［19］郝家龙.对高校绩效预算管理的思考［J］.教育财会研究，2020，31（01）：45-47.

［20］张帅帅.高校预算绩效管理评价指标体系研究［J］.商业会计，2019（12）：92-94.

［21］王佳.全面实施绩效管理框架下深化预算绩效目标管理改革研究［J］.地方财政研究2021（11）：50-57.

［22］强化财政监督管理提升政府采购效能［J］.中国政府采购，2019（03）：46-48.

［23］王营，张光利.董事网络和企业创新：引资与引智［J］.金融研究，2018（6）：189-206.

［24］宫景玉，高校全面预算绩效评价体系优化研究［J］.会计之友，2020（15）：121-127.

［25］徐晨.高校全面推行预算绩效管理模式的若干思考：以H大学为例［J］.知识经济，2020（21）：9-10.

［26］逄诗然.高校全过程预算绩效管理的探究［J］.财经界（学术版），2020（12）：245-246.

［27］俞奕奇.高校全面实施预算绩效管理重难点问题研究［J］，行政事业资产与财务，2020（11）：28-29.

［28］李美玲，杜蓉，王天奇，高校全面实施预算绩效管理路径初探：以H大学实践为例［J］.教育财会研究，2020，31（3）：26-30.

［29］高建慧.新预算制度下高校预算绩效管理改革研究［J］.商业会

计，2021（15）：75-77.

［30］王德.全面实施预算绩效管理大力推进机关运行成本管理创新［J］.中国行政管理，2020，0（1）：12-17.

［31］陈小洁.浅析行政事业单位全面预算绩效管理［J］.纳税，2020，0（5）：209-210.

［32］唐大鹏，吴佳美.高校预算绩效管理内部控制体系构建探究［J］.财务与会计，2019，0（1）：47-49.

［33］张月武，王愉，孙毓希.高校预算绩效管理评价指标体系构建的思考［J］.河北企业，2020（9）：13-14.

［34］李庆远.高校全面预算绩效管理体系构建——基于会计委派制的研究［J］.教育财会研究，2020，31（4）：25-32.

［35］陈晶晶.浅谈高校预算绩效管理探析构建［J］.财富生活，2021（10）：183-184.

［36］刘侃.财务维度视角下高校绩效预算管理探讨［J］.大众投资指南，2021（8）：34-35.

［37］于海英.高校绩效预算管理存在的问题与建议研究［J］.市场周刊·理论版，2021（40）：60-61.

［38］刘永会，武余文.高校全预算绩效管理的思考与研究——以某省高校为例［J］.经济师，2021（10）：88-89.

后　记

　　光阴似箭，时光荏苒，转眼间，本书的撰写工作已经基本完成，颇有未了之情。因为，本书是作者在对高校预算绩效管理工作的推进与探索研究后所撰写的作品，倾注了作者的全部心血，虽然辛苦，但是想到本书的出版能够为高校预算绩效管理工作的推进与探索研究提供一定的帮助，作者颇感欣慰。在创作本书期间，得到了社会各界的支持，在这里我也要表示感谢。

　　随着我国推出的行政管理体制改革，不断深入的政府绩效管理，也受到了各界的重视，而预算绩效管理是政府绩效管理的组成部分，可以让资金的使用效益进一步的提升，对于公共资源也可以实现优化配置，在政府公共服务水平、理财能力等方面都可以起到带动作用。各级政府以及财政部门在使用预算绩效管理制度方面，已经积累了大量的经验。而我国的高校在预算绩效管理方面也在深入的研究，这些都可以带动教育事业的发展，我国的教育投资数额在逐步地提升，高校为教育的发展作出了重要的贡献，所以财政投入资金是非常宝贵的。在这种局面下，高校要合理的利用资金使用预算，以绩效管理推行资金的使用模式，确保财政资金能够合理地利用起来。但是受到客观环境的限制，高校预算绩效管理工作仍然进展缓慢，本书分析了预算绩效管理的相关规定，参考了高校实际发展的状况，分析现有的问题，也给出了对应的解决策略，希望为高校实施预算绩效管理提供参考和借鉴。

虽然本书的写作工作完成，但是高校预算绩效管理工作的推进与探索工作仍在不断地发展推进，这也就决定了关于高校预算绩效管理工作的推进与探索工作依然任务艰巨。作为高职人，我们会不辱使命，潜心研究，积极探索，力求突破，承担起传承现代文明的光荣职责，为社会主义先进文化的建设与发展贡献自己的力量。